"十四五"职业教育国家规划教材

高等职业教育新形态一体化教材
高职高专跨境电子商务专业（方向）系列教材

跨境电子商务基础

刘颖君　主　编

李宇轩　主审

电子工业出版社

Publishing House of Electronics Industry

北京·BEIJING

内容简介

编者结合本校近 5 年的跨境电商教学改革实践,基于与校外行业专家共同开发的"跨境电子商务基础"课程标准,联合同行和企业专家共同编写本书。全书贯彻"实用、实际"的编写思路,重点突出理论知识"必需、够用"的原则。

本书根据跨境电子商务运营实战中的相关岗位要求,力求将最实用的跨境电子商务基础知识和技能展现给学生。教材内容与跨境电子商务实践紧密结合,通过大量项目化的实训任务设计、系统的理论知识讲解和拓展阅读,提高学生跨境电子商务应用能力和从事相关工作的操作技能。

本书主要内容涉及跨境电子商务概述、跨境电子商务平台、跨境电商营销推广、跨境电商物流、跨境电商支付、跨境电商政策法律法规、跨境电商创业等内容。

本书既可作为高等职业院校财经大类专业基础课程教材,又可作为社会相关人员培训用书。

未经许可,不得以任何方式复制或抄袭本书之部分或全部内容。
版权所有,侵权必究。

图书在版编目(CIP)数据

跨境电子商务基础 / 刘颖君主编. —北京:电子工业出版社,2020.8
ISBN 978-7-121-37562-0

Ⅰ.①跨… Ⅱ.①刘… Ⅲ.①电子商务—高等学校—教材 Ⅳ.① F713.36

中国版本图书馆 CIP 数据核字(2019)第 213862 号

责任编辑:马洪涛　　特约编辑:曹尊颖
印　　刷:天津千鹤文化传播有限公司
装　　订:天津千鹤文化传播有限公司
出版发行:电子工业出版社
　　　　　北京市海淀区万寿路 173 信箱　邮编:100036
开　　本:787×1092　1/16　印张:9　字数:230.4 千字
版　　次:2020 年 8 月第 1 版
印　　次:2024 年 12 月第 11 次印刷
定　　价:29.00 元

凡所购买电子工业出版社图书有缺损问题,请向购买书店调换。若书店售缺,请与本社发行部联系,联系及邮购电话:(010)88254888,88258888。
质量投诉请发邮件至 zlts@phei.com.cn,盗版侵权举报请发邮件至 dbqq@phei.com.cn。
本书咨询联系方式:(010)88254609 或 hzh@phei.com.cn。

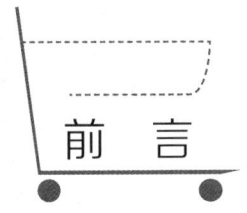

前言

随着中国跨境电商的迅猛发展，跨境电商人才需求与日俱增，许多高等职业院校积极对接行业人才需求，开设《跨境电子商务》课程，培养跨境电商应用型人才。2019年跨境电子商务被列入教育部《普通高等学校高等职业教育（专科）专业目录》，这意味着有更多的高职院校即将开设跨境电商专业，然而市面上相应的教材却明显偏少。

顺应行业发展和市场需求，编者结合本校近五年来的跨境电商教学改革实践，基于与校外行业专家共同开发的《跨境电子商务基础》课程标准，遵循工学结合、任务驱动、项目教学的原则，联合同行和企业专家共同编写本书。本书总体设计具有以下两个特点：

一是教材编排合理，体现理论与实践交替。全书共设计八个项目，根据业务流程，将跨境电子商务分解为八个专题进行阐述；每个项目分为导入案例、知识准备、拓展阅读、走进职场、业务操作、课后思考题六个部分；根据岗位工作实际设计实训任务，用理论知识服务实训任务。全书贯彻"实用、实际"的编写思路，重点突出理论知识"必需、够用"的原则。

二是教材内容紧密结合实际，注重实用性。本书根据跨境电子商务运营实战中的相关岗位要求，力求将最实用的跨境电子商务基础知识和技能展现给学生。教材内容与跨境电子商务实践紧密结合，通过大量项目化的实训任务设计、系统的理论知识讲解和拓展阅读，有助于提高学生跨境电子商务应用能力和从事相关工作的操作技能。

本书的具体编写分工如下：刘颖君（浙江工贸职业技术学院）编写项目一、三、四，吴奇帆（浙江工贸职业技术学院）编写项目二、五、八，陈晓静（浙江理工大学科技与艺术学院）编写项目六，郑红花（浙江工贸职业技术学院）编写项目七，刘颖君和李宇轩（温州海纳进出口有限公司）负责全书的编审工作。

本书配有相关的数字资源，可从出版社网站上下载使用。

本书编写得到了浙江工贸职业技术学院汪焰教授的悉心帮助，以及温州跨境电商协会和温州海纳进出口公司的大力支持，特此表示感谢。

本书编写过程中参考了国内外许多优秀的教材与网络资源，在此一并向上述书籍和材料的作者表示感谢。

由于时间紧，任务重，书中难免出现存在一些疏漏和错误。希望选用本教材的师生在教学实践中积极提出宝贵意见和建议，以便下一版修正，使其日臻完善。

编　者
2019年10月

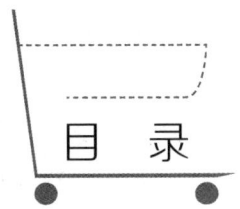

目 录

项目一 了解跨境电子商务 / 001

    学习目标 / 001

    知识准备 / 002

        一、跨境电子商务的概念 / 002

        二、跨境电子商务的运营模式 / 003

        三、中国跨境电子商务发展历程 / 011

        四、跨境电子商务业务流程 / 012

        五、跨境电子商务岗位技能和职业素养 / 013

    业务操作 / 016

        任务一 上网搜集有关跨境电商企业的案例 / 016

        任务二 为传统外贸企业向跨境电商企业转型设计路径 / 017

项目二 认识跨境电子商务平台 / 019

    学习目标 / 019

    知识准备 / 020

        一、跨境电商出口平台 / 020

        二、跨境电商进口平台 / 029

        三、跨境电商平台选择 / 032

    业务操作 / 033

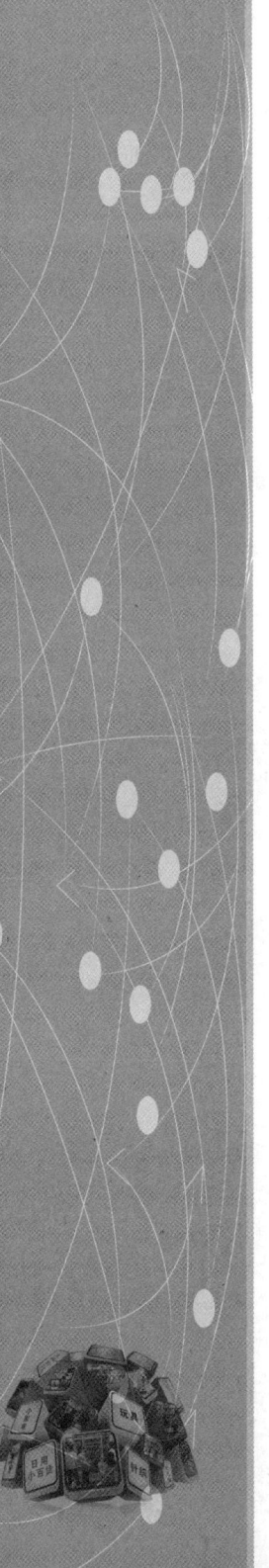

任务一　申请并开通敦煌网店铺　/ 033

任务二　跨境电商出口平台选择　/ 033

项目三　跨境电商营销推广　/ 035

学习目标　/ 035

知识准备　/ 036

一、站内营销推广　/ 036

二、独立站营销　/ 037

三、站外营销　/ 038

四、跨境电商营销推广渠道　/ 042

五、跨境电商营销策略　/ 045

业务操作　/ 053

任务一　设计邮件营销活动　/ 053

任务二　策划 Facebook 营销活动　/ 053

项目四　跨境电商物流　/ 055

学习目标　/ 055

知识准备　/ 056

一、跨境电商物流概念　/ 056

二、跨境电商物流网络　/ 057

三、跨境出口物流模式　/ 059

四、跨境进口物流模式　/ 063

五、跨境电商物流方案选择　/ 066

业务操作　/ 067

任务一　了解知名跨境电商物流服务商概况　/ 067

任务二　跨境电商物流方案调研　/ 069

项目五　跨境电商商品呈现　/ 071

学习目标　/ 071

知识准备　/ 073

一、跨境电商平台搜索排序基本原理　/ 073

二、跨境电商商品呈现（以速卖通为例）　/ 077

业务操作　/ 093

任务一　发布产品　/ 093

任务二　搜索排序规则分析　/ 093

项目六 跨境电商支付 / 095

  学习目标 / 095

  知识准备 / 096

   一、跨境电商支付现状 / 096

   二、跨境电商支付发展历程 / 097

   三、传统贸易支付方式 / 099

   四、跨境电商支付方式 / 100

   五、跨境电商支付风险及防范 / 105

  业务操作 / 106

   任务一 跨境电商支付工具对比分析 / 106

   任务二 跨境电商支付案例分析 / 107

项目七 跨境电商政策法律法规 / 109

  学习目标 / 109

  知识准备 / 110

   一、国内跨境电商政策 / 110

   二、跨境电商相关法律问题 / 112

   三、跨境电商知识产权保护 / 116

  业务操作 / 120

   任务一 跨境电商知识产权案例分析 / 120

   任务二 Wish平台知识产权规则应用 / 121

项目八 跨境电商创业体验 / 123

  学习目标 / 123

  知识准备 / 124

   一、大学生创业素质要求 / 125

   二、大学生创业能力要求 / 126

   三、跨境电商创业知识和技能 / 127

  业务操作 / 133

   任务一 装修跨境电商店铺 / 133

   任务二 运营跨境电商店铺 / 133

项目一

了解跨境电子商务

学习目标

知识目标

- 了解跨境电子商务的发展历程
- 掌握跨境电子商务基本概念
- 了解跨境电子商务的运营模式
- 掌握跨境电子商务岗位技能和人才需求

能力目标

- 能够表述跨境电子商务的业务流程
- 学会跨境电子商务交易

典型工作任务

任务一　上网搜集有关跨境电商企业的案例
任务二　为传统外贸企业向跨境电商企业转型设计路径

导入案例

速卖通2018"双11"官方数据出炉：
1小时199个国家和地区的买家下单

11月15日，阿里巴巴旗下速卖通公布"双11"战绩：累计有230多个国家和地区的消费者通过速卖通参与购物狂欢，近1/3国家和地区的买家数实现翻番。其中，"一带一路"沿线市场持续走强，沙特、阿联酋、波兰的买家表现突出。非洲爆发出空前的电商潜力，

"双11"交易额增长78%。

数据显示,"双11"开场,共计164个国家和地区的用户涌入速卖通平台。

1小时内,199个国家和地区的买家下单。最后1分钟,仍有138个国家和地区的消费者购买商品。

统计显示,俄罗斯买家囤了6192条保暖秋裤,以色列买家储备了5387双防臭鞋垫,沙特买家为家里添置了7464多个灯泡,波兰买家"剁手"13855个美妆蛋,法国买家买了975张渔网。

"双11"期间,全球下单数前9位买家在速卖通上下了15859单,共花掉110余万元人民币。

而太平洋、印度洋、大西洋上的多米尼克、奥尔德尼岛、英属印度洋领地、东帝汶等偏远海岛国家,第一次出现"剁手党"。来自地球最南端、最北端的235位消费者一共下了1669单。

1/4位于非洲、亚洲、中东等地的"一带一路"沿线国家和地区,交易规模增幅超过50%。尤以沙特阿拉伯、阿联酋、波兰表现最为突出。

波兰买家数和交易额均比去年多了一半;沙特客单价增长37%;阿联酋客单价增长30%。

非洲"双11""剁手"开销同期增长78%。其中,北非国家增速最快,高达156%,东非国家的交易规模最大。

"双11"速卖通的一大特色是,海外本地商家首次"卖全球",实现海外首单半日达。

"双11"期间,西班牙本地商家交易额比2017年增长超100%,成交客单价接近去年的4倍;俄罗斯本地新商家首次"参战",贡献了总订单数的10%。

速卖通还首次试水线上线下融合。与英格列斯百货在西班牙搭建"双11"快闪店,与服装品牌佐丹奴为迪拜人提供"线上下单、线下试衣取货"的新零售体验。

更大的突破是,速卖通首次帮助海外商家"卖全球"——土耳其的毛衣卖到了俄罗斯。预计明年3月,土耳其商品到达俄罗斯人手里的时间将缩短至7天。

此外,速卖通联合菜鸟网络、蚂蚁金服等阿里生态业务,在提升海外支付、物流等方面深度协作。今年"双11"海外行至半程,近半速卖通卖家已发货,万吨商品搭乘50余架次包机和其他航班,飞往莫斯科等目的地。

（摘自《跨境谷》,2018-11-16）

知识准备

一、跨境电子商务的概念

跨境电子商务（Cross-Border E-Commerce）是指分属不同国家或地区的交易主体,通过电子商务平台实现商品交易的各项活动,并通过跨境物流实现商品从卖家向买家转移及相关的其他活动内容的一种新型电子商务应用模式。跨境电商[①]既包括跨境 B2B、跨境零售，又包括海淘、代购等。

广义的跨境电子商务指分属不同关境的交易主体通过电子商务手段达成交易的跨境进出口交易活动；而狭义的跨境电子商务特指跨境网络零售。本书中的跨境电子商务是指广义的跨境电子商务，主要是指跨境电子商务中商品交易的部分，包含跨境电商交易中的跨境零售及跨境电商 B2B 部分，其中不仅包含跨境 B2B 中通过跨境电商交易平台实现线上成交的部分，还包括跨境 B2B 中通过互联网渠道线上进行交易撮合、线下实现成交的部分。跨境电子商务概念界定如图 1-1 所示。

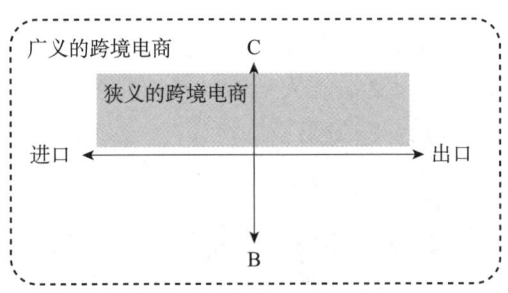

图 1-1　跨境电子商务概念界定

注：来源于《2016 中国跨境电商发展报告》，阿里研究院。

 二、跨境电子商务的运营模式

跨境电子商务的主要运营模式有跨境 C2C、跨境 B2C（分出口和进口）、跨境 B2B（分出口和进口）等，如表 1-1 所示，其中跨境 C2C 和跨境 B2C 都是面向终端消费者的，统称为跨境网络零售。根据经营主体划分，跨境电子商务分为平台型、自营型和混合型。

表1-1　跨境电商运营模式分类

经营模式	平台型跨境电子商务	自营型跨境电子商务
跨境出口 B2B	阿里巴巴国际站、中国制造网、环球资源网、敦煌网	略
跨境进口 B2B	1688.com、海带网	略
跨境出口 B2C	Amazon、AliExpress、eBay、Wish	兰亭集势、米兰网
跨境进口 B2C	天猫国际、洋码头	网易考拉、京东全球购、小红书

（来源：《2016 中国跨境电商发展报告》，阿里研究院）

[①]　跨境电商是跨境电子商务的简称，本书不做统一处理。

1. 出口跨境电商模式

（1）跨境 B2B

B2B 即 Business to Business，又称在线批发。跨境 B2B 是外贸企业间通过互联网进行产品、服务及信息交换的一种商业模式。跨境 B2B 电商企业面对的最终客户为企业或企业集团。目前，在中国跨境电商市场交易规模中，跨境 B2B 电商市场交易规模占总交易规模的 90% 以上，代表企业主要有敦煌网、中国制造网、阿里巴巴国际站和环球资源网等。

（2）跨境 B2C

B2C 即 Business to Consumer。跨境 B2C 是跨境电商企业面对个人消费者开展的网络零售活动。目前，跨境 B2C 电商交易规模在中国整体跨境电商市场交易规模中的占比不断升高，代表企业主要有速卖通、兰亭集势、米兰网、大龙网等。

（3）跨境 C2C

C2C 即 Consumer to Consumer。跨境 C2C 是从事外贸活动的个人对国外个人消费者进行的网络零售活动。

目前，我国的跨境电商出口以 B2B 和 B2C 为主，进口以 B2C 为主。

拓展阅读

跨境电商出口平台创新模式

根据电子商务研究中心数据，2017 年我国跨境电商交易规模为 7.6 万亿元，同比增长 30%，其中出口占 80%。经历近 20 年的不断发展，跨境电商出口在各环节中的信息化程度进一步提升，衍生出多种创新模式，逐渐成为我国对外贸易的新动能。

1. 以阿里巴巴国际站为代表的批发贸易平台模式

该模式以信息撮合为重点，以平台型 B2B 为主要业务模式，是我国最早的出口电商模式，解决了传统贸易中信息高度不对称的问题。通过提供信息发布平台，使买卖双方信息互通，相比传统贸易，其效率得到大幅提升。大宗商品批发贸易平台又分为综合型和垂直型两类，主要用户为生产企业及大型贸易企业，其盈利主要来源于平台的入驻费用。该模式在 2008 年金融危机之后势微，但 2015 年开始又掀起第二轮创新创业热潮，近年来，随着互联网金融和供应链金融的创新发展，以金融为典型代表的供应链服务推动 B2B 进入交易发展新阶段，其盈利主要来源于为供应链服务费。此类平台信息量丰富，从出口规模上看，是目前我国跨境电商出口的主要形式。

由于大宗商品批发贸易涉及复杂的贸易环节，如支付、物流、报关、报检、退税、结汇等，目前该模式仅在营销和交付环节实现了在线化，其他交易环节依然采取传统贸易的方式进行。随着信息科技的不断渗透，该模式也有交易和服务产生闭环的趋势。代表企业有：阿里巴巴国际站、环球资源网、中国制造网。大宗商品批发贸易平台模式流程如图 1-2 所示。

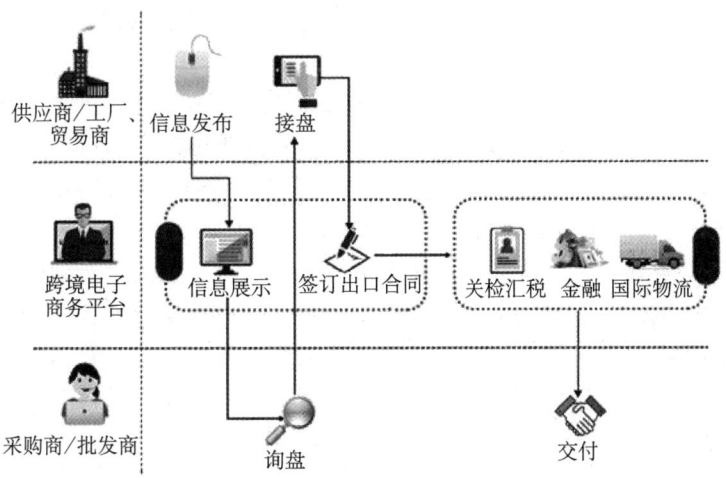

图 1-2 大宗商品批发贸易平台模式流程

2. 以速卖通和敦煌网为代表的批发零售平台模式

该模式以在线一站式交易为核心，以平台型小额 B2B 和 B2C 为主要业务模式。将信息撮合、在线交易、物流实时追踪进行一站式整合，满足了中小企业碎片化、高频化、个性化的需求。2008 年全球金融危机以后，我国外贸产生了明显的碎片化、个性化等需求，此类出口型电商企业得以迅速成长。此类平台的用户主要为中小贸易商、中小零售商和终端消费者，其盈利主要来源于交易产生的佣金。该模式实现了全流程的在线交易闭环，交易数据得到留存。随着大数据、云计算、人工智能等新一代信息技术的快速发展，产生了相关的数据服务、精准营销、金融、信保等增值服务，成为小规模批发零售平台的又一盈利点。该模式具有对市场需求反应迅速、交易流程清晰透明等显著优势，但由于平台供应端和采购端多为中小企业或个人，平台对供应链的把控面临着挑战。代表企业有敦煌网、速卖通。中小规模批发零售平台模式流程如图 1-3 所示。

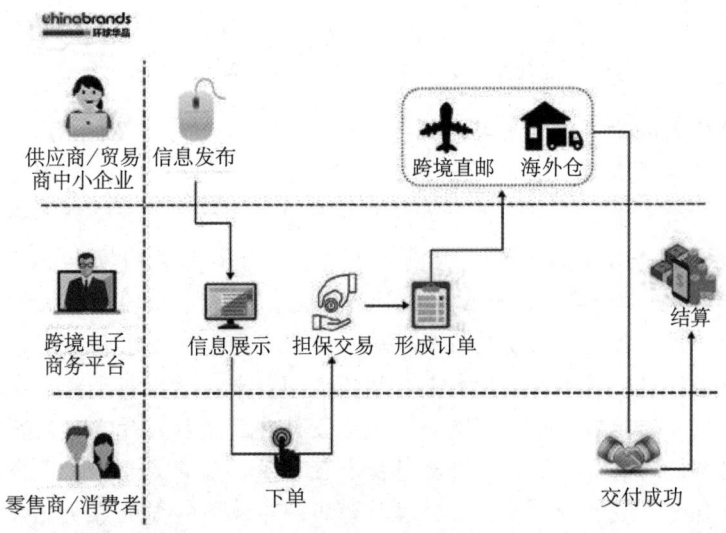

图 1-3 中小规模批发零售平台模式流程

3. 以环球易购为代表的自营零售平台与开放平台 POP 共建模式

该模式以面对海外终端消费者的需求为核心，以自营 B2C 和商家入驻平台销售为主要业务形式。自营型出口电商专注于某一领域或品类，对该领域具有较深刻的认知，在供应链方面的控制能力较强，产品品控、流程管理、营销渠道等方面得到了有力保障，终端消费者的体验也相对较好。但是自营模式需要大量的现金流用于产品的生产制造、采购、仓储物流等环节，对市场需求变化的把握和对资金的管理提出了较高的要求。开放平台 POP 模式大部分以垂直型为主，采用品牌化的战略，针对终端消费者的核心需求，从商品的设计、制造、营销、销售等环节进行全流程把控，该模式企业大多拥有一个或多个自有品牌，利用中国制造积累的优势，以高性价比为抓手，通过平台进行销售，在品牌效益产生后组建自有平台并试探开拓周边品类。其主要盈利来源为商品销售产生的利润。代表企业有：环球易购、帕拓逊、有棵树、棒谷、通拓科技。自营零售平台与开放平台 POP 共建模式流程如图 1-4 所示。

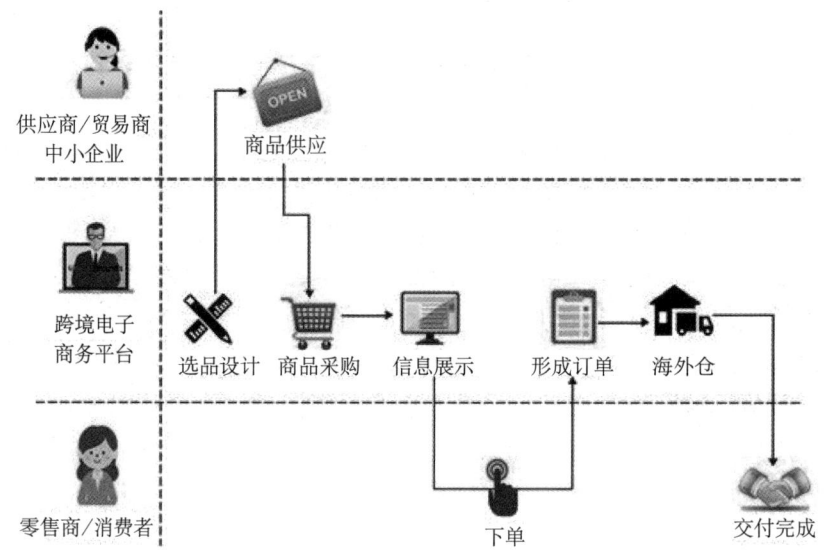

图 1-4　自营零售平台与开放平台 POP 共建模式流程

4. 以执御为代表的本土化零售平台模式

该模式针对某一特定市场差异化需求，以自营或平台型 B2C 为主要业务模式。传统跨境电商出口以美国为主，一方面由于美国等发达国家互联网及电子商务起步较早，网络用户渗透率较高；另一方面由于市场规模可观，出口企业的风险较小。随着电子商务在全球的迅速渗透、"一带一路"沿线国家合作的推进，特定市场的活力被激发，近年来呈现爆发增长的趋势。但特定市场受到基础设施、消费习惯、宗教文化等因素影响较大，因此，面对欧美市场的经验很难有效地复制。该模式的创新在于利用企业自身对特定市场熟悉的优势，采取差异化的蓝海战略，有针对性地设计和打造相应的支付、物流、信息展示等环节，并根据当地的消费习惯进行商品选择和设计等。该模式竞争环境较为宽松，对当地市场的培养往往需要较长的时间，目前在特定市场中具有一定的寡头优势，但随着电子商务巨头的进入，竞争将越来越激烈。代表企业有执御、KILIMALL、傲基。本土化零售平台模式流程如图 1-5 所示。

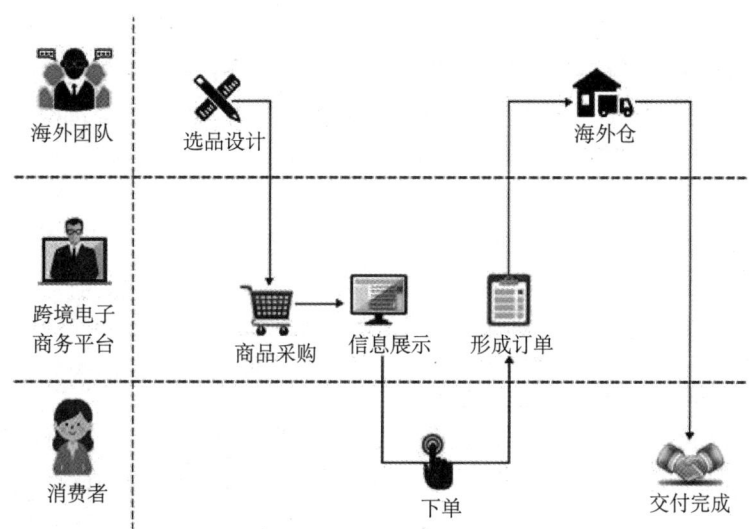

图 1-5 本土化零售平台模式流程

由于以阿里巴巴、敦煌网等为代表的 B2B 贸易平台具有跨境出口龙头的垄断优势，行业已经进入成熟阶段，行业集中度较高，但国际市场空间还很大，如非洲等新型市场有待开发。从 2006 年开始，以 DX、兰亭集势、环球易购等为代表的跨境 B2C 企业先后成立，这批企业最大化地缩减了产业链的中间环节，近几年获得了快速发展。总的来说，无论是以阿里巴巴为代表的 B2B 批发贸易平台模式还是以环球易购等为代表的出口 B2B2C 自营型 + 分销模式，从国家政策及未来增长趋势来看，加强精细化、专业化操作，未来在国际市场增长空间都还很大。

（来源：跨境电子商务创新研究报告）

2. 进口跨境电商模式

我国进口跨境电商起源于早期的海外个人代购和海淘，2014 年以来，伴随着利好政策的出台、资本的介入及我国居民日益增长的消费需求，进口跨境电商进入发展的快车道，各类主体涌现。进口跨境电商企业主要面对我国终端消费者，有 B2C 和 C2C 两种模式。根据艾瑞咨询数据，2017 年我国进口零售电商市场规模为 1113.4 亿元，增长率为 49.6%，近年来保持着高速增长的趋势，预计到 2021 年，我国进口跨境电商市场规模将突破 3000 亿元。电子商务在我国的快速发展，居民电商消费习惯基本养成，因此，进口跨境电商平台在行业结构中呈现集中度高、行业梯队基本稳定的局面。

从进口跨境电商的交付模式上看，主要分为保税备货模式和海外直邮模式。

（1）保税备货模式

保税备货模式，就是指跨境电商企业通过集中海外采购，统一将商品由海外发至国内保税仓库，当消费者网上下单时由物流公司将商品直接从保税仓库配送至客户。作为目前进口跨境电商主要的模式之一，保税备货模式因其自身优点明显受到客户欢迎。

（2）海外直邮模式

海外直邮模式根据是否集货分为小包裹直邮模式和集货模式。小包裹直邮模式是指跨境电商企业直接从海外供应链处采购商品发货，通过国际物流到达国内清关，最后到达消费者手中。集货模式则是跨境电商企业通过海外仓集中订单进行采购，再通过国际物流到达国内清关。

拓展阅读

跨境电商进口平台创新模式

1. 以天猫国际为代表的海外直供模式

该模式为典型的平台型 B2C 模式，通过跨境电商平台将海外经销商与国内消费者直接联系起来。平台制定适合进口跨境电商交易的规则和消费流程，打造良好的用户体验，主要盈利来源于商家的入驻费用和交易佣金。海外直供模式建立在买卖双方的聚集程度上，该类模式对平台的流量和服务要求较高。因此，海外直供模式一般要求供应商具有海外零售资质和授权，并且需要提供相应的本地售后服务。该模式为消费者提供了丰富的商品选择权及便捷高效的购物体验，加上平台背书，用户的信任度较高，商品一般采用海外直邮的方式送达国内客户手中。对品牌端的管控及供应链的缩短是海外直供模式发展的主要趋势。代表企业有天猫国际、京东全球购、苏宁海外购、亚马逊海外购。海外直供模式流程如图 1-6 所示。

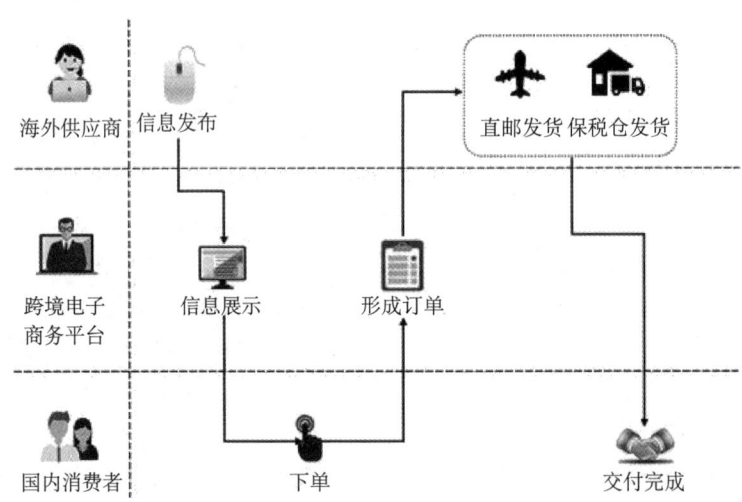

图 1-6　海外直供模式流程

2. 以网易考拉和小红书为代表的海外优选模式

以自营型 B2C 为主，平台直接参与到货源的组织、物流仓储及销售过程。由于优选模式对产品端及供应链的控制较好，商品规模化采购，一般采取保税备货的模式，物流时效性较高，用户体验相对更好。该模式的主要盈利点为销售产品所产生的利润及相关的营销等增值服务，随着用户体验的不断提高，会员服务费成为优选模式的又一盈利点。优选模式要求电商企业对市场消费需求的把控比较突出，在选品方面对企业提出了较高的要求，也限制了产品的丰富程度。同时，采购需占用企业大量的资金，有效地提高动销率是优选模式企业优化的方向。因此，该模式下的企业通常会采用限时特卖或直邮闪购等运营方式，以丰富品类及缓解供应链压力。海外优选模式流程如图1-7所示。

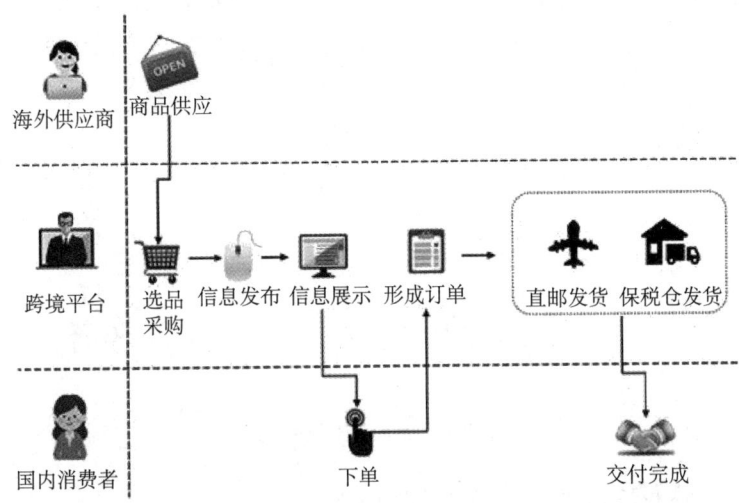

图1-7　海外优选模式流程

此模式中，比较有特点的还有带社群属性的小红书平台。小红书起源于论坛社区，主要以社交型C2C及B2C为主。社群模式，即UGC（用户生成内容）模式，通过用户原创分享的海外购物经验，聚集了具有相同兴趣爱好的人群。一方面解决了用户买什么、什么值得买的问题；另一方面基于对社群用户行为数据及产品信息的分析，精准选品，并提供便捷的购物体验，解决了用户在哪里买的问题。与其他进口跨境电商模式相比，社群模式用户黏性高、竞争壁垒显著，商品也有别于综合型平台，其内容完全基于社群中的用户产生，是需求驱动的自下而上的一种创新模式。其主要盈利来源于销售商品所得到的利润，主要运营点在于提升用户的转化率。随着移动社交电商的兴起，这种达人经济、意见领袖的模式受到年轻消费者的喜爱。代表企业有：网易考拉、小红书、蜜芽、什么值得买。

3. 以洋码头为代表的全球买手模式

海外买手入驻平台开店，建立起海外买手与国内消费者的联系，进而达成交易，该模式是典型的平台型C2C模式。盈利模式一般为提供转运物流服务等，以及平台本身的一些增值服务，平台入驻一般不收取任何费用。在品类上主要以长尾非标品为主，兼有个性化的商品。所覆盖的行业及商品较为广泛，买手对海外市场的敏感度较高，产品迭代速度较快，用户黏性较高，存在一定的价格优势，满足了在进口消费中个性化、细致化、多样化的需求。商品交付一般以个人行邮为主，整个模式中比较依赖买手，服务体验参差不齐，信任度及品牌授权等法律风险问题或将限制其规模和发展。全球买手模式在初期发展迅猛，但随着海关政策的进一步完善，该模式的合规问题也日益凸显，合规合法成为全球买手模式创新的关键。代表企业有洋码头、淘宝全球购。全球买手模式流程如图1-8所示。

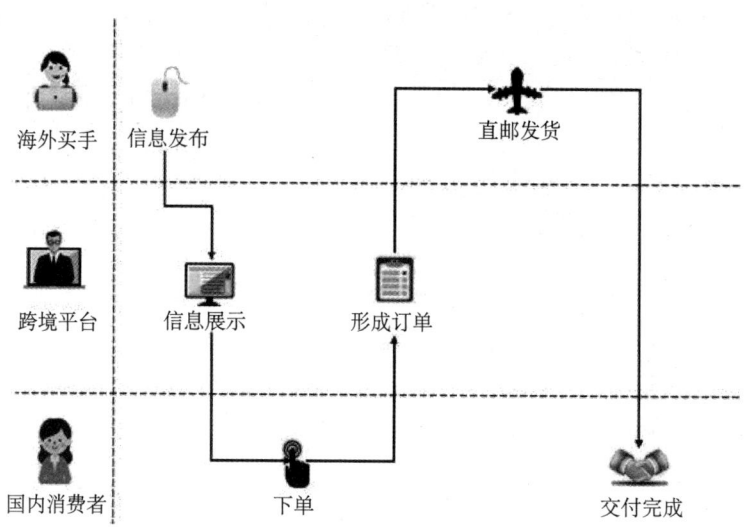

图1-8 全球买手模式流程

4. 以京东全球购为代表的线上线下融合模式

该模式为创新的O2O模式，通过线上线下融合的方式，将进口商品在线下进行展示，以扫码购买方式向线上导流。主要业务模式有保税备货模式及一般贸易模式，通过线下体验店与移动应用在系统层面打通，为消费者提供所见即所得的流畅购物体验。线上线下融合模式源于国内电商的O2O模式，应用在进口跨境电商中，在一定程度上可以缩短交易流程。通过线下实体展示，能够提高消费者对商品的信任度，同时能够触及具有跨境商品需求却无电商消费习惯的人群。线上线下融合模式目前看来还处于创新探索阶段，盈利模式各企业也略有不同，线下体验店成本较高，一般不作为盈利点，而是通过向线上导流，最终实现线上盈利。移动电商的快速发展，使线上线下融合成为现实，随着人工智能、虚拟现实、增强现实等新兴技术的进一步发展，线上线下融合模式也将为传统零售业注入新的活力。目前国内很多进口跨境电商平台都在布局O2O线下体验店，不断探索提升用户体验。代表企业有京东全球购、天猫国际、网易考拉、聚美优品、五洲会。线上线下融合模式流程如图1-9所示。

跨境进口电商平台B2C在流量、品类方面具有优势，在招商方面存在难度，需平衡规模和质量。目前"大B"数量有限，引入难度较大，"小B"数量较多，但平台对其质量较难把控。B2C对平台本身品牌、资源的要求较高，并且已经有天猫国际、京东全球购等大平台存在，较不适合创业公司参与。

垂直类B2C平台目前主要集中在母婴、美妆、食品等领域。还有很多未被挖掘的领域，比较适合创业企业精细运作。在用户需求的引导下，未被挖掘的垂直品类会给垂直类电商企业留出机会，相对于大型电商企业来说，创业公司更有优势。垂直品类的运作，需要精准而深入。这种切入方法对于大企业来说同样需要很高的成本，而得到的交易量在初期不会很大，因此它们不会花过多资源培育垂直领域，这会给创业公司留下窗口期。

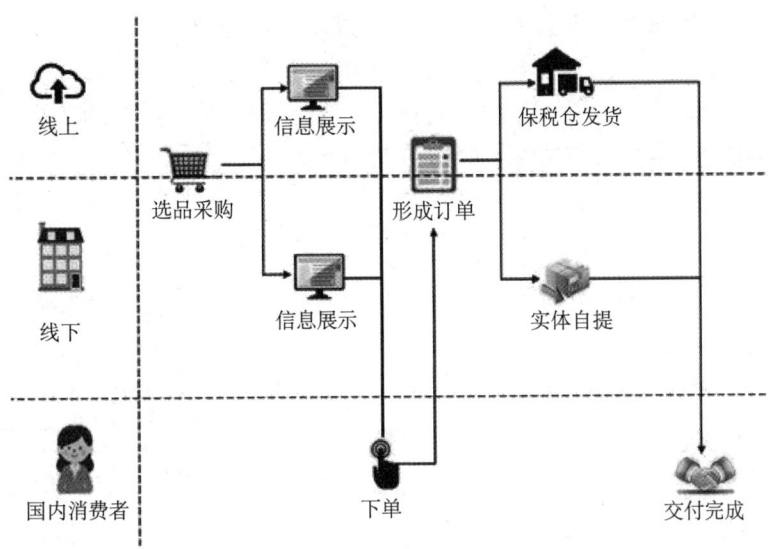

图 1-9 线上线下融合模式流程

跨境进口电商平台 C2C 最大优势为 SKU 丰富性，正品保障是发展难点，平台对卖家的把控力有限，这是未来发展需要解决的难点。

（来源：跨境电子商务创新研究报告）

 三、中国跨境电子商务发展历程

中国跨境电子商务发展经历了三个阶段。

第一阶段（萌芽期，1997—2007 年）：跨境电商在中国起步于 20 世纪末，最早出现的是帮助中小企业出口的 B2B 平台。1997—1999 年，中国的外贸 B2B 电子商务网站中国化工网、中国制造网、阿里巴巴国际站等相继成立，这些跨境电商平台为中小企业提供商品信息展示、交易撮合等基础服务。其中，阿里巴巴国际站是目前全球最大的跨境 B2B 平台，并且已经从线上 B2B 信息服务平台逐步发展成 B2B 跨境在线交易平台。

第二阶段（发展期，2008—2013 年）：随着全球网民渗透率的提高，以及跨境支付、物流等服务水平的提高，2008 年前后，面向海外个人消费者的中国跨境电商零售出口业务（B2C/C2C）蓬勃发展起来，DX（2006 年）、兰亭集势（2007 年）、阿里速卖通（2009 年）皆是顺应这一趋势成长起来的跨境电商 B2C 网站。跨境电商零售的发展导致国际贸易主体、贸易方式等发生了巨大变化，大量中国中小企业开始直接深入参与国际贸易。

第三阶段（爆发期，2014 年至今）：2014 年中国对跨境电商零售进口做出监管制度创新，促进了中国跨境电商零售进口的迅猛发展，诞生了一大批跨境电商零售进口平台和企业，包括天猫国际、网易考拉、聚美优品、洋码头、小红书等，整个行业在 2015 年迎来了爆发式增长。如果说 20 世纪末开始的跨境电商只是改变了传统国际贸易的营销方式，

那么随着全球互联网基础设施的迅速发展，当前跨境电商已经对国际贸易运作方式、贸易链环节产生了革命性、实质性的影响。中小企业、个人深入参与到国际贸易的各个环节，中小企业直接与全球消费者进行互动和交易，全球化红利的受益者更加广泛，各方受益也更加均衡。中国跨境电子商务发展历程如图1-10所示。

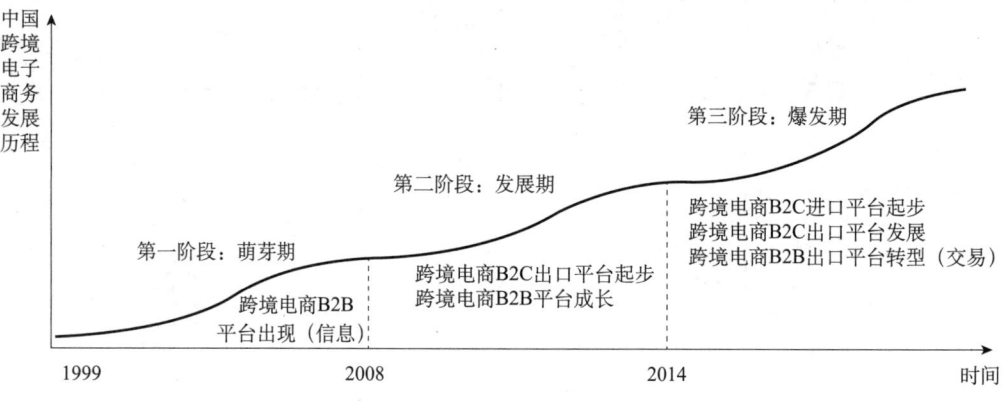

图1-10 中国跨境电子商务发展历程

四、跨境电子商务业务流程

生产商或制造商将生产的商品在跨境电商企业平台上展示，在商品被选购下单并完成支付后，跨境电商企业将商品交付给物流企业进行投递，经过两次（出口国和进口国）海关通关商检后，最终送达消费者或企业手中，也有的跨境电商企业直接与第三方综合服务平台合作，让第三方综合服务平台代办物流、通关商检等一系列业务，从而完成跨境电子商务交易过程。跨境电子商务业务流程如图1-11所示。

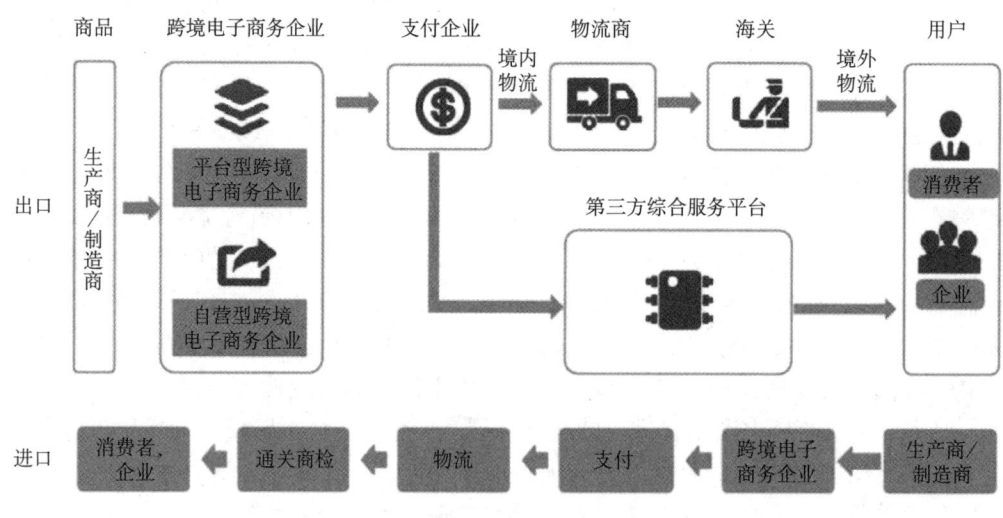

图1-11 跨境电子商务业务流程

五、跨境电子商务岗位技能和职业素养

1. 跨境电商人才需求特征

跨境电商所需要的人才和传统贸易、英语、电商人才差异较明显，跨境电商专业人才不仅需要通晓电子商务专业知识，熟悉企业电子商务建设、运营和管理，能够从事电子商务系统设计、电子商务解决方案策划、网络营销、国际物流、跨境支付、跨国管理，更需要具有良好的外语水平，要有国内外产品行业背景，还要有国际贸易实务知识和国际电子营销技能。

与传统贸易方式相比，跨境电商中产品类目多、更新速度快，具有海量商品信息库、个性化广告推送、口碑聚集消费需求，企业可以通过在线调研及沟通获得大量的产品和消费者个人数据，并综合运用网站优化策略、差异化服务策略、关系营销策略和搜寻引擎营销策略开展全方位的售前、售中、售后服务。而传统的电子商务专业主要通过系统的电子商务基础理论学习与专业技能训练，培养学生具备扎实的计算机技术知识及经济管理知识，使学生能在现代信息技术条件下从事商务活动，成为具备突出的专业技能和创新能力的复合型人才。这类人才的核心能力是能够熟练地应用现代信息技术、处理在信息技术应用过程中出现的问题并能对企业应用信息技术从事商务活动提出解决方案。

因此，传统的电子商务专业在人才培养方面分成商务管理类和商务技术类，商务管理类注重培养学生市场调查、网络营销、网络推广能力，而商务技术类则注重数据库技术、编程语言、网络技术等能力的培养，且都以国内电子商务发展为目标，涉及跨境电商的目前几乎没有。很显然，高校目前现有的电子商务专业人才在商务英语沟通、跨文化交际、国际贸易等方面达不到跨境电商专业人才的要求。同样，传统的国际贸易专业在人才培养目标上普遍定位在培养学生掌握国际经济与贸易的基本理论和基本技能，熟悉国际贸易规则和惯例及中国对外贸易的政策法规，具有国际经济与贸易问题观察分析能力、国际贸易政策实施能力和国际贸易实务操作能力，能在国际商务部门、企业及政府机关从事国际经济与贸易实际业务与管理工作。

另外，就商务部统计来看，目前参与跨境电商的企业9%以上为浙江和广东一带的中小外贸企业及个体工商户。而中国中小企业对人才的需求有两个特点：一是在人才招聘上倾向于拿来主义，他们更希望员工有丰富的实际工作经验，能很快适应岗位要求，无须企业再培训；二是在人才业务管理上注重一专多长，出于节约成本的需要，中小外贸企业往往要求一人身兼数职，希望所招人员能胜任各环节所涉及的全部工作内容，这就要求学校所培养的人才必须和从事跨境电商的企业需求无缝对接。

2. 跨境电商从业人员职业能力要求

跨境电商职业核心能力包括基本职业素质及外语沟通能力、网络销售能力、跨境营销推广能力、在线售后服务能力、网站和店铺运营能力、网络创业技能等。未来的跨境电商市场需要的正是熟悉跨境电商网络营销、快速通关及便捷物流组织与运营的应用技能型复

合人才。

（1）技术型人才

① 网络平台搭建人员：掌握主流开发语言且具备外语能力。

② 推广人才：精通各大平台规则、SEO（搜索引擎优化）、SEM（搜索引擎营销）、Google Adwords 操作、外媒广告管理、SNS、Video Ad（视频广告）、Picture Ad（图片广告）、Comment Ad（评论广告）等，同时又具备外语能力的专业人才。

③ 美工、摄影：精通视觉营销，可以拍摄出符合各大平台规则的产品图片及具备文字排版能力的专业人才。

④ 客服：熟练应用邮件、在线沟通工具，运用英语、德语、法语、俄语、阿拉伯语等语种与客户进行交流。另外，发达国家（地区）监管机构对消费者权利的保护较为严格，经常出现投诉、退货甚至触犯知识产权的纠纷问题，因此客服还需要有不同国家（地区）法律（法规）知识和支持产品纠纷处理的能力。

⑤ 物流：跨境电商中的物流环节既是出口电商最大的痛点与准入门槛，又是用户体验的关键。跨境电商物流人才主要指具备跨国（地区）订单处理能力，熟知国际（地区间）物流发货流程和规则的专业人才。

（2）综合型人才

跨境电商外部环境复杂，不同国家（地区）、不同行业的政策规则不同，总体呈现出"需求多样、链条冗长、匹配复杂"的特点。在这样的背景下，综合型人才成为企业推动跨境电商的关键。

① 初级人才：初级人才主要指掌握跨境电商运营技能，具备跨境电商平台实操能力的人。对于传统企业而言，拥有初级人才意味着跨境电商可以进入实操阶段了。

具体来说，初级人才需要满足以下条件。

第一，能够运用英语或小语种进行交流。亚马逊、eBay 等主流跨境电商平台以欧美发达国家为主要市场，跨境电商企业需要通过英语与用户进行沟通交流。速卖通以俄罗斯、巴西等新兴国家为主要市场，近几年发展迅猛（2015 年交易额同比增长 600%），跨境电商企业对俄语、西班牙语、意大利语、阿拉伯语等小语种人才的需求急剧增加。

第二，了解境外目标用户的消费理念及文化。由于文化习俗、需求偏好不同，境内外用户差别巨大，跨境电商企业要对境外情况了如指掌，熟悉目标国（地区）相关行业的商品属性、成本、价格等情况。

第三，了解相关国家（地区）知识产权和法律法规知识。据统计，60% 以上的跨境电商企业遇到过知识产权纠纷，涉及商标、图片、专利等多种载体。跨境电商企业需要了解各类电子商务相关法律法规，拥有应对大多数纠纷的能力。

第四，熟悉各大平台的跨境电商规则，不同的跨境电商平台拥有差异极大的平台规则，运营人才必须熟练掌握各个运营规则，具有针对不同需求和业务模式的运营技能。

② 高级人才：高级人才是指以战略角度对跨境电商有所洞察，能够对跨境电商的发展规律有所预测，熟练掌握跨境电商技术知识，能够进行跨境电商营销、大数据分析、用户体验塑造、跨境电商物流及金融服务的综合型人才。对于企业而言，高级人才是实现可

持续、快速发展的保证。而随着跨境电商的纵深化发展，能够引领企业国际化发展的高级人才也将一将难求。

具体来说，高级人才需要具备以下能力。

第一，需求匹配能力。跨境电商链条冗长、环境复杂，企业要具备识别国家（地区）差异、需求差异，重塑供应链的能力，能够针对不同需求选择适宜的渠道，制定相关的营销运营策略，为不同行业、不同类型的用户提供与其需求相匹配的一系列产品及相关服务。

第二，高效整合能力。跨境电商是新一次社会化大分工的开始，企业做好跨境电商，需要基于自身的核心竞争力，通过生态圈进行高效的整合。特别是在营销的过程中，为了实现目标国（地区）本地化，往往需要对目标国（地区）的流量引入、国际营销、品牌知识有深入的了解，能够将这些知识整合到相关的各类本地化服务商中。跨境电商最终的竞争不仅是成本、价格的竞争，更是本地化服务的竞争。

第三，团队管理能力。各类人才稀缺是跨境电商企业持续面临的困境。高级人才要具备识人用人的能力，一方面在内部甄选、培养跨境电商人才，另一方面从外部不断引进适合企业发展需求的新鲜血液。同时，高级人才还要具备团队管理能力，懂得如何留住优秀人才，营造适合人才发展的良好氛围。

第四，政策规则应对能力。从全球范围来看，跨境电商正处于发展初期，全球贸易规则将发生巨大的变化。跨境电商企业要能够及时了解国际贸易体系、政策、规则、关税等方面的变化，对各国（地区）进出口情况及趋势应有深入的理解和分析能力。

第五，主人翁心态，创业精神。作为新生事物，发展跨境电商缺乏成熟的、定性的、验之有效的具体方法，每个企业的跨境电商之路都充满坎坷，高级人才只有秉持主人翁心态，发扬创业精神，敢于尝试、积极学习、勇于承担才能做好跨境电商。

走进职场

跨境电子商务典型职业活动表如表1-2所示。

表1-2 跨境电子商务典型职业活动表

典型职业活动		工作任务					
		1	2	3	4	5	6
跨境营销专员	跨境营销产品与活动策划	目标设定	内容确定	成本核算	撰写方案	跟踪实施	反馈修订
	选品分析	海外市场分析	产品定价分析	产品销售周期分析			
跨境采购专员	采购管理	产品规划	供应商评估与选择	供应商管理与维护	采购成本管理	货品周转管理	
跨境网络编辑	文案策划	信息采集	市场分析	卖点提炼	形成各语种文案		
	图文编辑	视觉设计	图文编排	视频拍摄与编辑	视觉展示		

续表

典型职业活动		工作任务					
		1	2	3	4	5	6
跨境运营专员	平台运营	产品上架	文案优化	站内推广	站外引流	支付结算	
国际市场推广	国际市场推广	综合平台选择	行业调研与分析	货品选择	推广方案选择	数据分析	运营优化
跨境客服专员	跨境客户服务	售前咨询	交易促成	订单跟踪	纠纷处理	客户维护	
B2B 销售专员	B2B 销售	客户需求分析	竞争对手分析	谈判策略制定	交易磋商	签订合同	
跨境物流专员	跨境电商物流供应链管理	物流方案设计	物流模板设置	国内直发	海外仓发货		

（摘自跨境电子商务人才培养指南，全国电子商务职业教育教学指导委员会编）

业务操作

任务一 上网搜集有关跨境电商企业的案例

工作任务：
利用搜索引擎、各大信息类网站搜寻跨境电商企业案例。

实例解析：
搜集表 1-3 中跨境电商企业的案例，总结其发展历程并分析其成功或失败的原因。

表1-3 跨境电商企业案例分析

跨境电商企业	发展历程	成功/失败	成功（失败）因素
阿里巴巴国际站			
亚马逊			
敦煌网			
环球易购			

操作步骤
（1）登录搜索引擎，搜索相关跨境电商企业案例。
（2）了解相关跨境电商企业发展历程与现状。
（3）分析其成功或失败的原因。

任务二　为传统外贸企业向跨境电商企业转型设计路径

工作任务：

以 AA 文具为例，设计其从传统外贸企业向跨境电商企业转型的路径。

实例解析：

AA 文具创立于 1989 年，目前涉及的品类有碎纸机、电动削笔器、电动吸尘器、电动橡皮擦、装订机、裁纸刀、花样钳、过胶机、打孔器、长尾夹、三针一钉、起钉器、磁力夹等 30 余大类近 1000 个品种。2000 年已通过 ISO 9001 国际质量体系认证，2006 年通过 ISO 14000 环境管理体系认证。产品主要出口欧美市场，其中美国占比 47%、欧洲占比 20%、日本占比 9%、国内市场占比 24%。多年来公司一直在给 Staples、沃尔玛等海外大型销售公司做 OEM，然而传统外贸市场缩小，利润与空间不断被压缩，瓶颈日益凸显。

> **操作步骤**
> （1）查阅类似企业的跨境电商发展路径，如温州凯瑟琳箱包、杭州全麦等。
> （2）分析 AA 文具传统外贸模式与跨境电商模式的区别。
> （3）设计 AA 文具跨境电商发展路径。

 项目小结

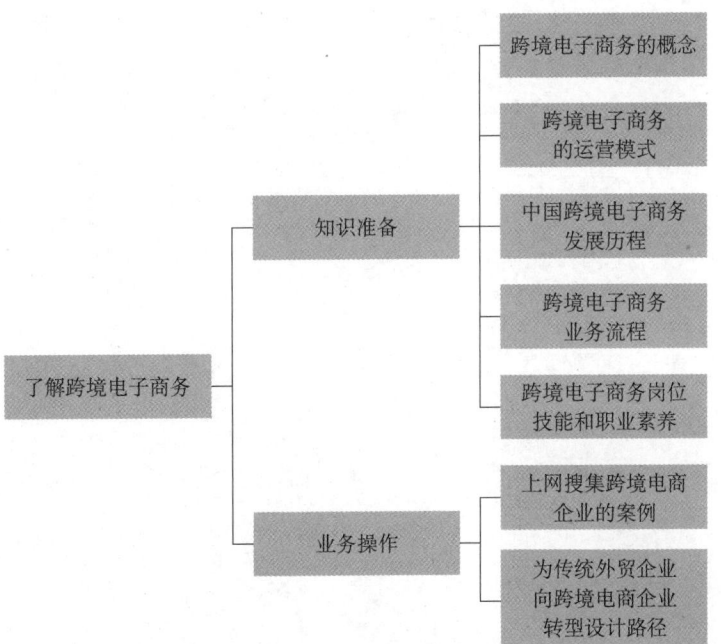

课后思考题

（1）跨境电商与国内电商有哪些差异？

（2）传统外贸企业与跨境电商企业有什么区别？

（3）当前跨境电商行业发展存在哪些问题？

项目二

认识跨境电子商务平台

学习目标

知识目标

- 了解跨境电商出口平台
- 了解跨境电商进口平台

能力目标

- 能够对比分析不同跨境电商平台的优劣势
- 能够结合企业自身背景和经营目标选择跨境电商平台

典型工作任务

任务一　申请并开通敦煌网店铺
任务二　跨境电商出口平台选择

导入案例

大龙网：打造 S2b2C 模式，做渠道下沉服务网

当外界以为大龙网的 B2B 业务或已被迫转型时，大龙网创始人冯剑峰把目前大龙网正在做的业务归结为 S2b2C 模式，简单来说，即直接连接国内供应链源头与海外小 B 企业。

跨境电商行业最容易被理解的是 B2C 模式，深耕于 B2B 行业的却寥寥无几。纵观 B2B 行业多年发展历程，并未出现过多突破性进展。

"传统的分销体系是从源头工厂到大市场、进口商、国外一级批发市场、二级批发商，再到国外小 B 企业的一整条链路。现在我们的模式，是从国内源头工厂直接对接国外小 B 企业，中间减少了四级分销过程。"这是大龙网的 S2b2C 模式。

关于S2b2C的概念，曾鸣的理念是：整合前端供应链的大S，赋能小B，再一起服务C端用户。换言之，放到跨境行业的S2b2C，就相当于中国的供应链和国外的中小B企业通过互联网的一套服务体系直接打通。其中，下游要对上游透明，给上游提供销售支撑，而上游的生产则要为下游提供供应链支持。

在冯剑峰看来，卫哲关于B2B的观点更接地气。即直接通过线上获取小B的方式行不通，一定要用"地推"的方式。其分为三种模式：手动式、半自动式及全自动式。

冯剑峰也表示，通过这三种模式与客户建立的联系并不是一蹴而就的，因为小B企业缺的不是信息沟通，缺的是服务体系、信任体系和销售网络。

"大龙网是卫哲和曾鸣理论的践行者，目前在身体力行地向着二人理论所描述的前景和道路前进。"冯剑峰说。

冯剑峰告诉亿邦动力，大龙网已经做了两年多S2b2C的模式，在两年之前其专注的B2B业务，现在也同步在做，如今每年纯利润能达到千万元以上。比如龙工厂业务，即建立中国中小企业的落地，帮中小企业进行招商，这已是大龙网一个较为成熟的产品线。

目前，大龙网在其S2b2C模式下主攻的是箱包、电子产品、服装配饰及厨房小家电品类，且一个品类每月流水能达到以百万美元起步的体量。而这个模式在印尼也已经运行到畅通的阶段，在今年下半年，大龙网计划在菲律宾及越南等市场进行模式复制。

但事实上，S2b2C模式比传统B2B或B2C模式更为复杂，其重点是大S对小B的赋能，很容易出现前端供应链能力不足，提供的服务出现破碎、割裂、不匹配等状况。这就要求B2B企业有着很强的某种供应链整合能力，所以，S2b2C模式做起来并不容易。

曾鸣也曾称，S2b2C是一条复杂链路的产业模式，真正实施起来比较困难，可能要分段实现，且真正能做到的企业寥寥无几。

（节选自：亿邦动力）

 ## 知识准备

跨境电商平台是指跨境电子商务平台，既包括第三方平台，也包括自建平台。跨境电商平台有多种分类方式，比较常见的有5种：一是按照交易主体不同，分为B2B平台、B2C平台和C2C平台；二是按照服务类型不同，分为信息服务平台和在线交易平台；三是按照运营方式不同，分为自营型和平台型；四是按照涉及的行业范围不同，分为垂直型平台和综合型平台；五是按照商品流动方向不同，分为跨境电商进口平台和跨境电商出口平台。

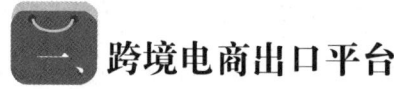 跨境电商出口平台

1. 亚马逊（Amazon）

（1）平台概况

亚马逊平台以产品为王，作为全球电子商务鼻祖，亚马逊对于整个世界的影响力是

巨大的。中国外贸人最先接触到的跨境电商出口平台也是亚马逊，其主要市场在美国和加拿大。亚马逊对卖家的要求比较高，如产品品质、品牌等方面的要求，手续也比速卖通复杂。对于成熟的亚马逊卖家，最好先注册一家美国公司或找一家美国代理公司，然后申请联邦税号。亚马逊的销售模式为B2B模式，主要针对企业客户，业务多元化。亚马逊美国站首页，如图2-1所示。

图 2-1　亚马逊美国站首页

（2）注意事项

第一，选择亚马逊，最好有比较好的供应商合作资源。供应商品质要非常稳定，最好有很强的研发能力。切记，亚马逊平台中的店铺，要以产品为王。

第二，接受专业培训，了解开店政策和知识。亚马逊的开店流程比较复杂，并且有非常严格的审核制度，如果违规或不了解规则，不仅有封店铺的风险，甚至有法律上的风险。

第三，需要有一台计算机，专门用于登录亚马逊账号。这是亚马逊的店铺政策要求，对后期运营也非常重要。一台计算机只能登录一个账号，不然会跟规则有冲突，用座机验证新用户注册最好。

第四，需要一张美国本土的银行卡。亚马逊店铺产生的销售额是全部保存在亚马逊自身的账户系统中的，要想把钱提出来，必须有美国本土银行卡。

第五，亚马逊店铺中，流量是关键。这里的流量主要分内部流量和外部流量两类，类似于国内的淘宝。同时，应注重SNS社区的营销，采用软文等营销方式也比较有效果。

选择亚马逊平台，需要有很好的外贸基础和资源，包括稳定可靠的供应商资源、美国本土人脉资源等。卖家最好有一定的资金实力，并且有长期投入的心态。

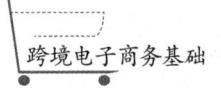

（3）平台优劣势

优势：电子商务的鼻祖，比其他平台开通得都要早，拥有庞大的客户群和流量优势，以优质的服务著称；具有强大的仓储物流系统和良好的服务，尤其是在北美、欧洲、日本地区。卖家只负责出售产品，后期的打包、物流、退换货都由亚马逊负责。亚马逊提供统一的、标准的服务模式，会产生一些服务费用，包括存储费、配送费和其他服务费，当然卖家也可以选择自己配送。亚马逊采用站点联动，如亚马逊欧洲站点只需要有一个国家的账户就可以面向全欧洲市场销售。亚马逊提供中文注册界面。

劣势：对卖家的产品品质要求高，企业最好有研发能力；卖家必须可以开具发票；对产品品牌有一定的要求；手续较其他平台略复杂；同一台计算机只能登录一个账号；收款银行账号需要注册自美国、英国等国家。

（4）平台服务方案

通常平台有两种主要销售方案（会员购物的增值计划）：一种是个人销售方案，上传的产品数量小于 40 个时，个人销售方案免费；另一种是专业销售方案，需要支付 39.99 美元的费用，但是可以上传 40 个以上的产品。个人方案需要 90 天才有黄金购物车（buy box），专业销售方案是账号一开通就有的。另外，据其客服介绍，在销售额度上也是有差别的，即销售增长过快时，个人销售方案卖家相对比较容易受到账号审核。

同时，亚马逊还提供增值服务——Fulfillment by Amazon（FBA），即亚马逊官方物流，亚马逊超过 50% 的客户都是金牌会员。成为金牌会员后可以享受精准的营销推送服务和快捷的物流服务，实现跨境货物 2~3 天内送到客户手中。

新人注册亚马逊账号以后，后期收款所用的银行账号需要是美国、英国等国家的账号。这里有几个选择，注册一家美国公司或找一家美国代理公司，然后申请联邦税号；可以利用海外客户资源解决这个问题；国内也有一些代理机构提供这样的服务。

总之，选择亚马逊，需要供应商有稳定可靠的产品资源、一定的资金实力、美国本土的人脉资源，并且有长期投入钻研的心态。新人注册成为亚马逊的供应商前，最好能接受专业的培训，了解开店政策和知识，亚马逊的开店过程比较复杂，并且有非常严格的审核制度，如果违规或不了解规则，不仅会封店铺甚至有法律上的风险。

2. eBay

（1）平台简介

eBay 的销售模式是 B2C 垂直销售，主要针对的是个人消费者，在发达国家比较受欢迎。eBay 成功的关键是选品，对于 eBay 的理解，基本上可以等同于国内的淘宝。对于从事国际零售的外贸人来说，eBay 的潜力还是巨大的，因为 eBay 的核心市场在美国和欧洲，是比较成熟的市场。相对于亚马逊，eBay 的开店手续不是特别烦琐。不过，eBay 有一个需要重视的问题：规则严重偏向于买家。因此，产品售后很重要，另外，在 eBay 上，付款方式的选择也很关键。一般商家选择的都是 PayPal，但也有一定的风险，特别是对于 eBay 来说。经常有这样的实际案例，遇到买卖争议时，eBay 最终是偏向买家的，导致卖家损失惨重。所以，做 eBay 前最好做个市场调研，对欧美市场的文化、人口、消费习惯、消费水平等方面进行调研,从而选择潜力产品,找一些 eBay 的热销产品。

eBay 平台首页如图 2-2 所示。

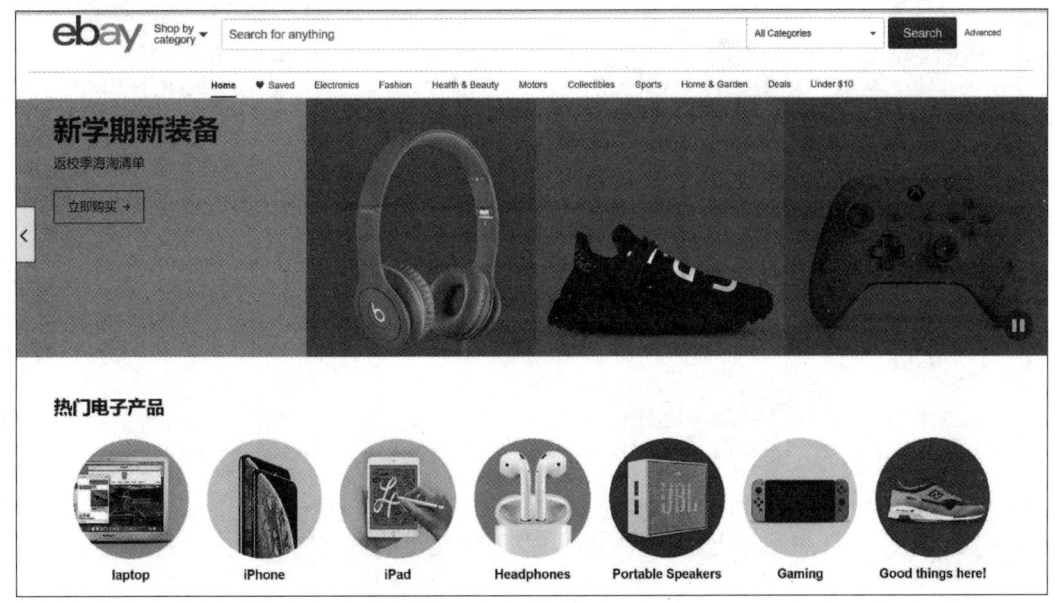

图 2-2　eBay 平台首页

（2）平台特点

第一,eBay 的开店门槛比较低,但是需要的材料和手续比较多,如发票、银行账单等,所以需要对 eBay 的开店规则非常清楚。

第二,在 eBay 上开店是免费的,但上架产品需要收费,这与国内的淘宝还是有很大区别的。

第三,eBay 的审核周期很长,一开始上架不能超过 10 个宝贝,而且只能拍卖,需要积累信誉才能越卖越多,出业绩和出单周期比较长。

第四,被投诉是最麻烦的事情,如果遇到,店铺被封掉是经常有的事情,所以产品质量一定要过关。

第五,在 eBay 上开店,应该有产品的地区优势,如产品目标市场在欧洲和美国。eBay 操作比较简单,投入不大,适合有一定外贸资源的人做。

（3）平台优势

排名相对公平、有专业客服支持;新卖家可以靠拍卖曝光;开店门槛比较低,但规则烦琐,需要研究。

（4）平台劣势

- 买家保护政策强势,遇到买卖争议时平台多半偏向买家。
- 英文界面不友好,上手操作不容易。
- 开店是免费的,但上架产品需要收费。

- 严苛的卖家标准（针对假货等商品），遇到投诉会被封店。
- 一般采用 PayPal 付款，具有一定的风险。
- 审核周期长，只能拍卖，产品数量有起始限制，需要积累信誉才能越卖越多，出单周期长，需要慢慢积累。

在 eBay 平台上，影响排序的因素主要是卖家表现、产品数量和更新速度、产品价格。是否选择 eBay，首先考虑产品本身，假如商家的产品目标市场在欧洲和美国，则可以选择 eBay。和亚马逊比起来，它操作比较简单，投入不大，适合有一定外贸资源的人操作。总的来说，该平台更加适合外贸商、有一定 B2C 经验的工厂、品牌经销商。

3. 速卖通

（1）平台简介

速卖通作为阿里巴巴未来国际化的重要战略产品，已成为全球最活跃的跨境电商平台之一，并依靠阿里巴巴庞大的会员基础，成为目前全球产品品类最丰富的平台之一。速卖通的特点是对价格比较敏感，低价策略效果比较明显，这也与阿里巴巴导入淘宝卖家客户策略有关，很多人现在做速卖通的策略就类似于前几年的淘宝店铺。速卖通首页如图 2-3 所示。

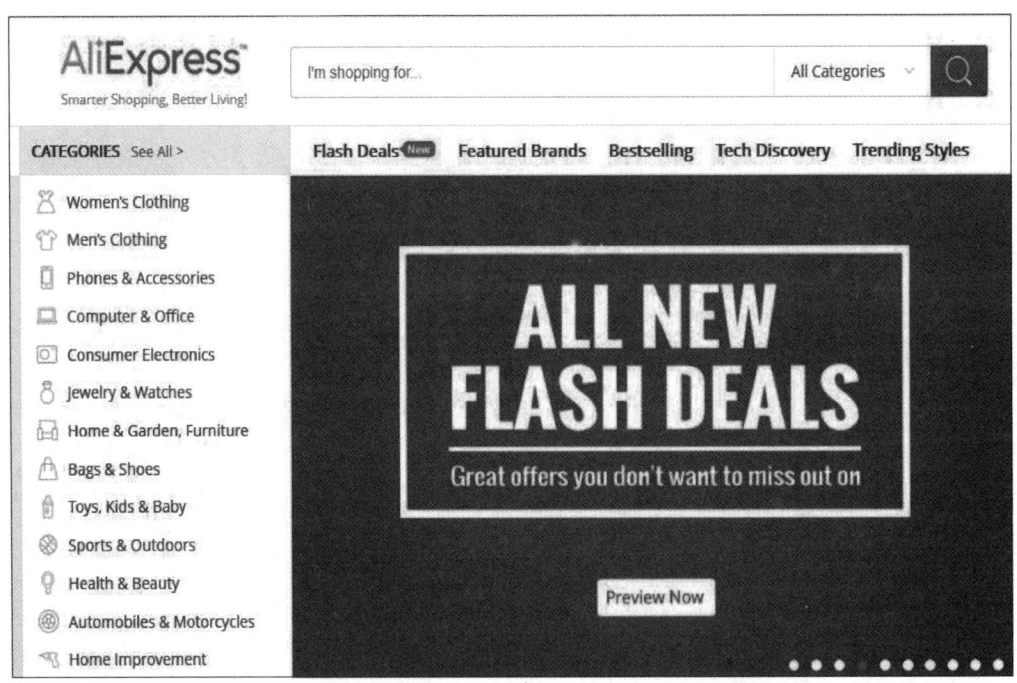

图 2-3　速卖通首页

（2）平台特点

速卖通的销售模式是 B2B+B2C 垂直类销售，主要针对企业客户，侧重点在新兴市场，75% 的海外市场分布在俄罗斯、巴西、美国、西班牙和土耳其。速卖通是阿里巴巴系列的平台产品，整个页面操作（中英文版）简单整洁，适合初级卖家上手。另外，阿里巴巴一直有非常好的社区和客户培训体系，可以快速入门。速卖通适合初级卖家，尤其是其产品特点符合新兴市场的卖家，以及产品有供应链优势、寻求价格优势的卖家。

（3）平台优势

全球贸易新形势下，买家采购方式正在发生剧烈变化，小批量、多批次采购正在形成一股新的采购潮流，更多的终端批发零售商直接上网采购。

- 短周期，高利润。
- 直接向终端零售商和网店供货，流通渠道更短，直接在线支付收款，拓展了产品利润空间，创造更多收益。
- 低成本，高安全性。买卖双方在线沟通，下单支付一步到位，国际快递发送货物，缩短了交易周期。
- 网站诚信安全体系为交易过程保驾护航，避免货款损失。

速卖通平台优势如图2-4所示。

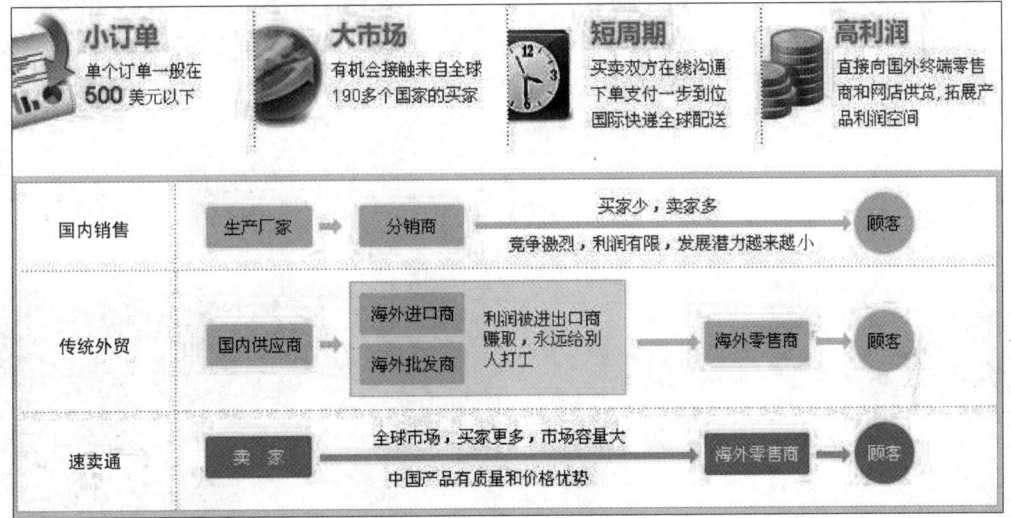

图2-4 速卖通平台优势

（4）平台劣势

- 速卖通平台上价格竞争激烈、宣传推广费用相对偏高。
- 运营政策偏向大卖家和品牌商，早期进入速卖通平台的门槛并不高，导致大量低端卖家涌入平台，也带来了价格的恶性竞争，给平台带来一些不良的影响。因而速卖通从2015年开始转型，从收年费门槛开始引导中国的跨境电商企业向跨境电商品牌化、品质化发展。2017年，速卖通继续加大了对卖家的筛选力度，基本不提供客服服务，买家对平台的忠诚度不高。
- 速卖通平台排序影响因素主要包括卖家评级、价格、产品销量、产品评级这四方面。总的来说，速卖通平台更加适合垂直类贸易商、工厂转型B2C、传统批发商，尤其是产品主推新兴市场（俄罗斯，巴西等）的卖家，以及产品有供应链优势且价格优势明显的卖家。贸易商面对小额订单时优势不明显。

4. Wish

（1）平台简介

Wish 平台是一款根据用户喜好，通过精确的算法推荐技术，将商品信息推送给感兴趣用户的移动优先购物 App。Wish 平台的销售模式是 B2B+B2C 垂直类销售。Wish 平台从数据分析起家，主要针对移动端买家，根据客户的兴趣推送产品。Wish 的核心竞争力在于：对广大商家而言，Wish 的注册非常方便快捷，商品信息上传也简单高效，且专注打造移动用户端。Wish 本身的核心是"信息关联"技术，其精准的算法、个性化的推送能够将用户喜欢的产品展现在 App 移动端。不同用户及同一用户在不同时间登录 Wish 平台所看到的界面是不同的。用户群为 16～30 岁的活力群体，这个群体消费频率及购买力强大。

Wish 目前的主要热门产品类目是 3C、母婴、化妆美容及家居类。针对这些热门品类，2015 年，Wish 进行了改革，上线了科技电子产品类 Geek App 和母婴类 Mama App，之后又推出专门针对"女性经济"的化妆美容类商品的垂直应用 Cute，如今 Wish 已经成为一个全品类的电商平台。Wish 首页如图 2-5 所示。

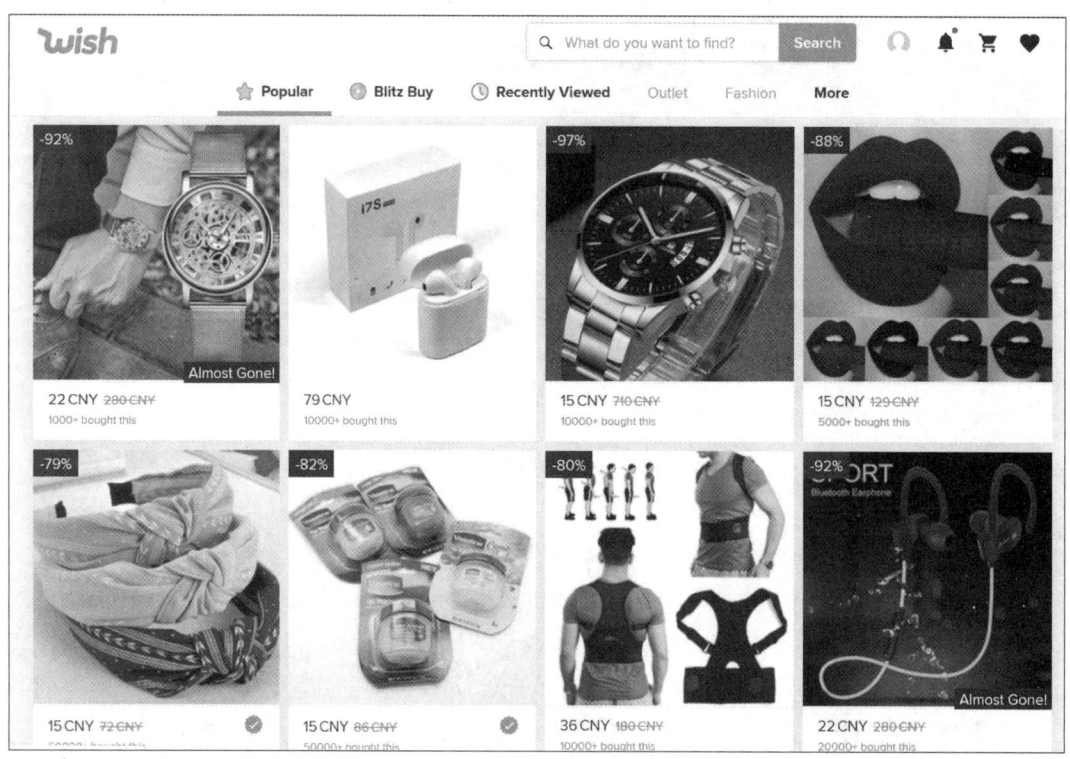

图 2-5　Wish 首页

Wish 是新兴的基于 App 的跨境电商平台，主要靠价廉物美吸引客户，在美国市场有非常高的人气，核心品类包括服装、饰品、手机、礼品等，大部分都是从中国发货的。Wish 平台 97% 的订单来自移动端，App 日均下载量稳定在 10 万次，峰值时冲到 20 万次。就目前的移动互联网优势来看，Wish 未来的潜力是非常巨大的。

（2）平台特点

Wish 平台主要特色定位为私人定制模式下的销售。Wish 利用智能推送技术，为 App 用户推送他们喜欢的产品，真正做到点对点的推送。Wish 有一个优点：它一次显示的商品数量比较少，通过这样的精准营销，卖家短期内可以获得销售额的暴增。

Wish 平台认为移动电商是未来真正的王者。Wish 最初仅仅是一个收集和管理商品的工具，后来才发展成一个交易平台，并越来越火爆。对于中小零售商来说，Wish 平台的成功让大家明白了移动互联网的真正潜力。

（3）平台优势

- 良好的本土化支持。
- 上架货品非常简单，主要运用标签进行匹配。
- 利润率非常高、竞争相对公平。
- 精准营销，点对点个性化推送。
- 客户满意率较高。
- Facebook 引流，营销定位清晰。

（4）平台劣势

商品审核时间过长，短则两个星期，长则两个月；费用较高，有 15% 的商品成交费用和 1.2% 的提现费用；物流解决方案不够成熟；平台的买卖纠纷规则模糊。

Wish 平台排序影响因素主要有标签准确性、商品数量、商品描述、商品图片、商品价格这 5 个，Wish 平台适合贸易商、工厂转型 B2C、品牌经销商。

总之，Wish 是一个近几年刚刚兴起的基于 App 的跨境平台，最初只是一个收集和管理商品的工具，主要靠价廉物美吸引客户，Wish 的主要竞争力就是价格特别低，以及精准化营销模式使客户的满意率非常高，这也是平台短短几年发展起来的原因。

5. Lazada

Lazada 于 2012 年成立，总部设在新加坡，是一家自营模式的电商平台（所销售的商品只从本公司仓库出货），2013 年秋季开始转型为开放平台（效仿亚马逊，专注于为小商家和零售商打造销售平台，并完善下单和配送流程），由第三方小商家供货。目前 Lazada 已经有 15000 家入驻商家，这些小商家的销售额占整个网站销售额的 70% 以上。业务范围覆盖印度尼西亚、马来西亚、菲律宾、新加坡、泰国和越南 6 个国家，覆盖大约 6 亿个消费者。Lazada 是东南亚第一大 B2C 平台，也称为东南亚版亚马逊平台。Lazada 首页如图 2-6 所示。

图 2-6　Lazada 首页

Lazada 的年经营额已达 10 亿美元，日均访问量 400 万次，Lazada 的移动端销售业务占到了 50% 以上，而移动端下载量最高能达到每月 30 万次。毫无疑问，东南亚是继中国、印度之后，亚洲最具潜力的电商市场。东南亚经济迅速崛起，巨大的消费潜力急需同等水平的供应能力，东南亚正在快速复制中国电商模式，需求缺口不言而喻。

6. 敦煌网

敦煌网是国内首个为中小企业提供 B2B 网上交易的网站。它采取佣金制，免注册费，只在买卖双方交易成功后收取费用。作为中小额 B2B 海外电子商务的创新者，敦煌网采用 EDM（电子邮件营销）的营销模式低成本、高效率地拓展海外市场。自建的 DHgate 平台为海外用户提供商品信息，用户可以自由订阅英文 EDM 商品信息，第一时间了解市场最新供应情况。敦煌网"为成功付费"打破了传统电子商务"会员收费"的经营模式，既减小了企业风险，又节省了企业不必要的开支，同时避开了与 B2B 阿里巴巴、中国制造网、环球资源、环球市场等的竞争。

在敦煌网，买家可以根据卖家提供的信息来生成订单，可以选择直接批量采购，也可以选择先小量购买样品，再大量采购。这种线上小额批发一般使用快递，快递公司一般会在一定金额范围内代理报关。举例来说，敦煌网与 DHL、联邦快递等国际物流巨头保持密切合作，以庞大的业务量为基础，可使中小企业的同等物流成本至少下降 50%。一般情况下，这类订单的数量不会太大，有些可以省去报关手续。以普通的数码产品为例，买家一次的订单量在十几个到几十个不等。这种小额交易比较频繁，不像传统的外贸订单，可能半年下一次订单，一个订单几乎就是卖家一年的"口粮"。"用淘宝的方式卖阿里巴巴 B2B 上的货物"，是对敦煌网交易模式的一个形象概括。DHgate 界面如图 2-7 所示。

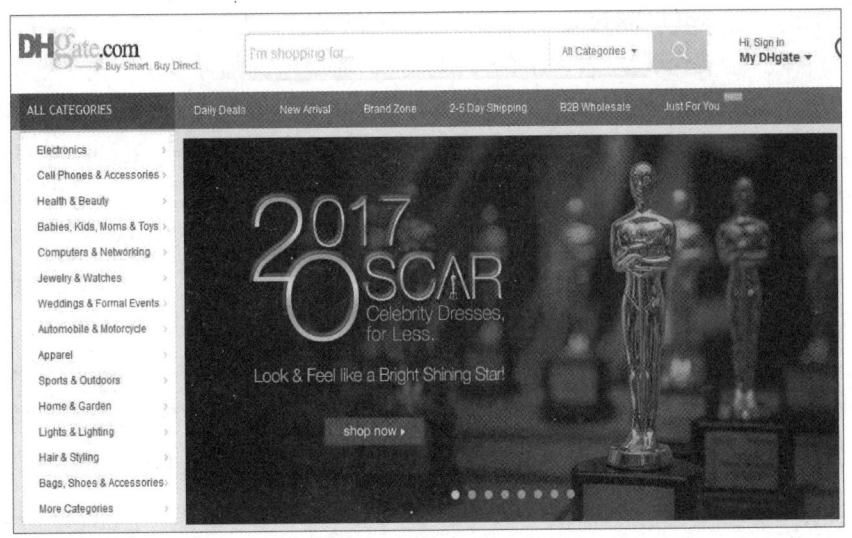

图 2-7 DHgate 界面

二、跨境电商进口平台

1. 进口跨境电商的发展历程

2005 年左右进口跨境电商还处于个人代购时代，海外留学生成为代购主体。这一时期可以称为进口跨境电商 1.0 时代。这是进口跨境电商的发展初期，消费者一般为留学生的亲戚、朋友，消费群体比较小众，跨境网购普及度不高。消费者主要通过海外买手、职业代购者购买进口产品。这一消费模式周期长、价格高，而且产品的真伪及质量难以保障。一些留学生、空姐等经常出国的群体，初期会为自己身边的亲朋好友代购一些海外产品。随着代购需求的增加，这些人开始专门购买海外产品，并在淘宝上开店铺售卖。中国进口跨境电商发展之代购时代如图 2-8 所示。

2007 年进口跨境电商开始进入海淘时代，也就是进口跨境电商 2.0 时代。在这一时期，形成了常规的买方市场和卖方市场。进口跨境电商市场开始形成，消费群体也开始扩大，商品的品类丰富多样起来，开始出现跨境电商进口平台，开始有消费者选择通过跨境电商进口平台购买进口产品。跨境网购用户的消费渠道逐渐从海淘代购转向跨境电商进口平台。

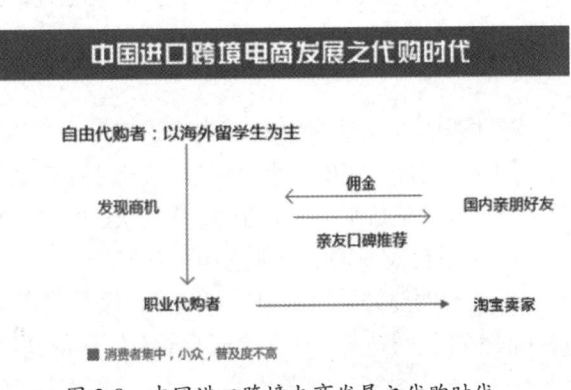

图 2-8 中国进口跨境电商发展之代购时代

2014年是进口跨境电商爆发的一年，流程烦琐的海淘催生了进口跨境电商的出现。2015年，随着政策的变更及社会经济的发展，进口跨境电商加速发展，跨境购物开始走向规范化，进入进口跨境电商3.0时代。随着进口跨境电商的合法化，越来越多的消费者选择在跨境电商进口平台购买海外产品。随着消费者跨境网购的需求愈发旺盛，各类跨境模式平台陆续出现，满足了消费者的消费需求，跨境网购走向常态化。

跨境进口电商历经12年，从个人代购到海淘再到规范化的跨境网购，体现了消费者消费习惯的转变，也体现了消费者对商品品质、品类追求的提升。中国进口跨境电商发展之海淘时代如图2-9所示。中国进口跨境电商发展之跨境进口时代如图2-10所示。

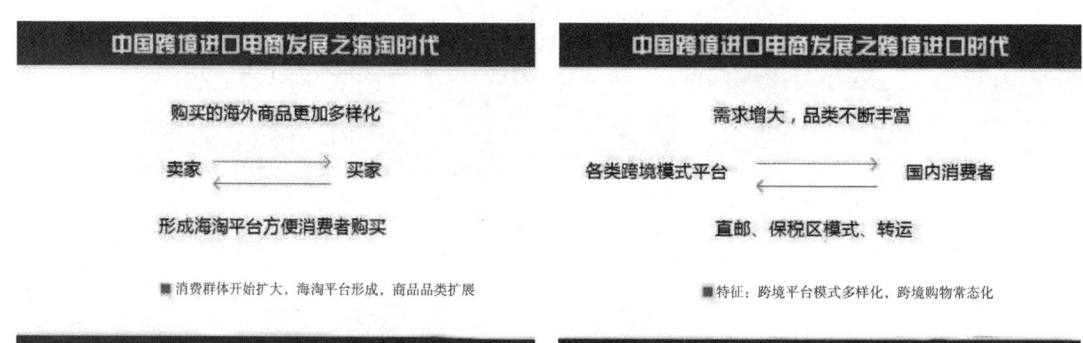

图2-9 中国进口跨境电商发展之海淘时代　　图2-10 中国进口跨境电商发展之跨境进口时代

2. 进口跨境电商政策

为了加速进口跨境电商的发展与变革，政府不断地对跨境电商的政策进行调整和完善，让跨境电商在更舒适的政策环境下自由发展，同时又不失规范化，有序进行。2012年，国家开放了第一批进口跨境电商试点城市。2013年国家出台了支持跨境电商便利通关的政策。2014年进口跨境电商有了明确的税收政策，进口跨境电商开始逐渐合法化、规范化。2015年，国家规范了进口税收政策并降低了部分进口商品的关税。2016年国家对进口跨境电商零售产品实行了新的税制政策。随着国家及社会的支持，进口跨境电商将会越来越规范，跨境网购也将越来越普及。2017年，跨境零售进口监管过渡期再次延长至2018年年底。2018年，国务院常务会议表示要支持跨境电商的发展及采取进一步扩大进口的措施。

3. 跨境电商进口平台类型

按照物流模式来分，跨境电商进口平台可以分为以下三类：

（1）平台类跨境电商进口平台，如唯品会、苏宁海外购、蜜芽等平台。一般采用海外直邮模式，该模式在海外发货，通过一次性快递配送到位，一般附有商品采购途径，商品相对靠谱。

（2）平台类+自营类跨境电商进口平台，如网易考拉、海囤全球、亚马逊海外购、国美海外购。大部分采用保税进口模式，该模式商品提前备货至国内保税仓，配送速度快，商品正品率高。网易考拉在国内拥有最大的保税仓储规模，并在海外多个地区布局海外仓。

（3）个人卖家和海外电商平台。一般采用海外拼邮模式，不同买家的商品在海外使用统一包裹发货，到境内后再分拆包裹发货，该模式运费低，但物流时间长，经过分拆，可能面临商品被调包、破损等问题，安全性最差。

下面给出进口跨境电商物流对比图，如图 2-11 所示。进口跨境电商主要类型对比如图 2-12 所示。

图 2-11　进口跨境电商物流对比图

进口跨境电商主要类型对比分析

代表平台	经典模式		模式介绍	优势	劣势
网易考拉	自营模式	综合	电商从源头采购商品销售给客户	商品源可控，消费者有保障，一站式购物，用户信任度高	毛利水平低
天猫国际 TMALL GLOBAL	M2C模式：平台招商		电商将第三方商家引入平台，提供商品服务	轻资产模式，商家需有海外零售资质和授权，商品海外直邮，并且提供本地退换货服务	收入仅靠佣金，第三方商家品质难以保障
B&G 宝贝格子 海囤全球	B2C模式：保税自营+直采		一部分采取自营，一部分允许商家入驻	供应链管理能力强，对爆款标品采取自营，非标品可引进商家，SKU丰富；正品真货、与品牌建立稳固关系、打通了产品的流通环节、规模效应强	重资产模式，品类受限，目前此模式还是以爆品标品为主
国美 苏宁易购 suning.com	线下转型O2O		依托线下门店和资源优势，同时布局线上平台，形成O2O闭环	和实体店，富有经验的采购团队与线上平台形成协同效应	线上引流能力不足，客户黏性需要长时间培养
洋码头	直发/直运平台模式		客户下单后，海外个人买手或商家从当地采购	不必挤压大量的商品库存，对跨境供应链的涉入较深	管理成本高，商品源不可控，买手的专业性需进一步提高
美囤妈妈	自营模式	垂直	品类的专项化程度高，以深耕某一特定领域为主	供应链模式多样化，可选择代采、直采、保税和直邮，单一品类细分程度高	前期需要较大资金支持
唯品会 品牌特卖	闪购模式		凭借积累的闪购经验及用户黏性，采取低价抢购策略	产品更换快，新鲜度高，客户重复购买率高折扣带来足够的利润空间，容易产生用户二次购买，能够最大化利用现金流	物流成本高，门槛低，竞争激烈
全球购	C2C代购模式		客户下单后，海外个人买手或商家从当地采购，通过国际物流送达	现金流沉淀大，通过庞大买手数量扩充SKU	管理成本高，商品源不可控，收入仅为佣金和服务费
什么值得买 SMZDM.COM	导购返利平台模式		通过编辑海外电商消息达到引流目的，再将订单汇总给海外电商	比较快地了解到消费者的前段需求，引流速度快，技术门槛低	竞争激烈，难以形成规模

图表编制：网经社　　数据来源：WWW.100EC. CN

图 2-12　进口跨境电商主要类型对比

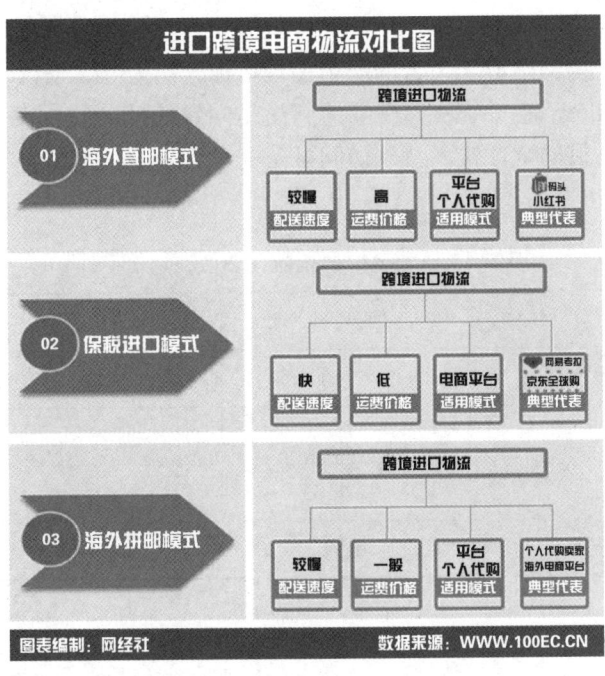

三、跨境电商平台选择

1. 平台访问量

平台访问量是权衡网站成功与否的一个关键指标，作为电商平台，访问量越大意味着生意有可能越好。Alexa 是一个较为权威的网站访问量统计网站，表 2-1 为 Alexa 排名情况。从表中可见亚马逊的全球排名及日访问量是一马当先的，其在美国的排名情况更是遥遥领先。

表2-1　Alexa排名情况（2019年10月）

平台	亚马逊	速卖通	eBay
日访问量/万次	2880	753	795
全球排名	12	40	35
地区最高排名	4	10	8
最高排名地区	美国	俄罗斯	美国

2. 平台收费

不同平台的收费标准不同。当前跨境电商的收费项目主要有店铺费、产品刊登费、交易佣金费和广告费用。卖家在平台上开店，有些平台会收取店铺年费；当上架商品时，平台要求卖家缴纳刊登费。不同平台对交易佣金的收取也有差异，例如，买卖双方交易完成后，亚马逊对卖家每笔订单收取 4%～15% 的佣金，速卖通一般收取 5%～8% 的佣金。亚马逊和 eBay 的店铺费是固定收取的，不予返还。速卖通的店铺费按类目收取，10000～50000 元不等，当达到一定的销售额度时，年费实行部分或全部返还制度。广告费需要根据公司具体营销策略和市场的竞争情况而定。

3. 平台服务

目前各大平台都接受多种支付方式，只是在回款方面，各平台还有一定差距。速卖通、eBay 如果采用自发货方式，要在用户确认签收后才放款。速卖通可以通过提前放款计划解决一部分货款问题，但还是会给中小企业资金周转造成阻碍。亚马逊则 14 天结一次款，在很大程度上解决了企业的资金周转问题。

对于规模较小的创业团队来说，所需要支付给跨境电商平台的各种费用是平台选择的重要影响因素。如果资金有限，可以优先选择入驻门槛低的平台，而不是收取年费的平台。

对于中小企业而言，由于缺少跨境电商经验、资金和人员，速卖通是不错的选择。作为阿里巴巴旗下的品牌，速卖通的中文操作界面容易上手，平台规则更易被国内中小企业所认同，并且拥有大量的访问量和国际市场基础，因此更适合作为中小企业运营初期的选择。在拥有了一定的跨境电商运营经验之后，再尝试 eBay 和亚马逊。亚马逊的特点是重商品、轻店铺，客户对商品的品质要求较高，并且平台对大型企业与中小企业同等看待，对于走品牌化路线的中小企业来说，这是一个很好的选择。

业务操作

任务一　申请并开通敦煌网店铺

工作任务：
以小组为单位，申请开通敦煌网店铺。

操作步骤
（1）账户注册。
（2）账户认证。
（3）经营品类绑定。
（4）上传商品。
（5）添加商品信息。
（6）创建店铺。
（7）开放店铺。

任务二　跨境电商出口平台选择

工作任务：
对比分析跨境电商出口平台（如速卖通、eBay、敦煌网、亚马逊）的优劣势，为校园跨境电商创业团队选择合适的跨境电商出口平台。

实例解析：
搜集并分析跨境电商平台优劣势，填入表 2-2 中。

表2-2　跨境电商平台优劣势

跨境电商平台	优势	劣势	创业选择建议
速卖通			
亚马逊			
敦煌网			
eBay			

项目小结

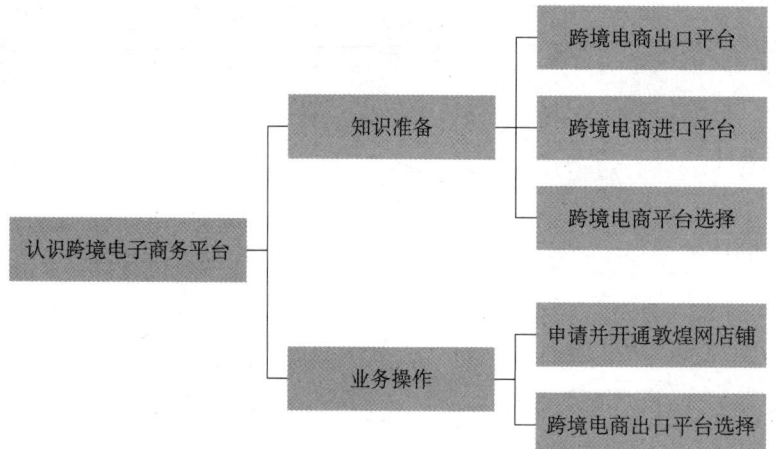

 课后思考题

（1）简述速卖通平台的特点及适合的商户类型。
（2）简述自营型跨境电商与平台型跨境电商的不同。
（3）简述主流跨境电商分类模式，并指出具体的代表性企业。

项目三

跨境电商营销推广

学习目标

知识目标

- 掌握主流跨境电商营销方式
- 掌握跨境电商营销推广渠道
- 了解跨境电商营销策略

能力目标

- 能够初步运用站内营销工具进行推广
- 能够初步利用社交平台进行营销推广
- 能够初步策划并撰写跨境电商营销方案

典型工作任务

任务一　设计邮件营销活动
任务二　策划 Facebook 营销活动

导入案例

出口跨境电商品牌化，如何实现从 0 到 1

2017 年 3 月初，快时尚跨境电商踏浪者宣布完成 2 亿元人民币的 B 轮融资，实现了出口跨境电商行业为数不多的成功融资。踏浪者营销副总张小腾代表踏浪者分享了他们在海外做品牌营销的经验。

出口跨境电商的常规营销方式包含谷歌搜索、Facebook 社交营销和 EDM 营销及其他。对于踏浪者，每个渠道有不同的作用，如谷歌搜索会增强品牌词的占有率。

Facebook 能很直观地带来流量、订单和 ROI[①]，同时在搜索层面也能够带来很多引荐性或助攻性的影响，以及更高的曝光率。

对于提高客户的忠诚度，EDM[②] 的效果是最好的，因为 EDM 只面向老客户做二次营销，但 EDM 的营销方式不能支撑公司扩大市场规模，比如要从每年 30 亿元做到 50 亿元，单靠这一渠道是无法达到的，这时就要寄托于付费型的广告和社交营销渠道。

据介绍，网红+社交的营销手段在踏浪者从婚纱礼服扩展到时尚女装品类这个过程中起到了关键作用。而且，对于女装或成衣这种产品线来讲，网红起到了非常好的作用。

比如，2016 年周年庆时，踏浪者召集很多有影响力的网红去集中转发周年庆活动。具体内容为：踏浪者给所有在校学生提供 Party dress 的服饰，号召学生转发和宣传，比如集 100 个赞即可免费获得礼服。据张小腾回忆，当天这个活动就给平台带来了 100 多万次的点击，之后持续一周的影响要比平时高出 30%。

网红+社交的宣传手段不仅给平台带来了流量和营业收入，更多的是，在将平台品牌通过网红平台曝光的同时，增强了踏浪者品牌的影响力。这样的影响不仅使踏浪者在网红圈制造出一种影响力，同时在粉丝圈也有不断的分享和传播。

（案例节选自消费日报网）

知识准备

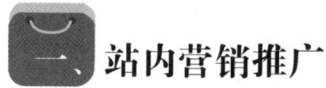
一、站内营销推广

站内营销推广是所有跨境电商出口平台卖家都会用到的推广方式。跨境电商站内营销推广可以分为免费推广和付费推广两大类。其中免费推广主要包括店铺自主营销活动、平台活动、关联营销和客户管理营销；付费推广活动是指各大平台提供的付费推广产品活动，如速卖通的直通车、联盟营销，以及 Wish 平台的 PB 计划等。

（1）店铺自主营销：主要是指店铺借助平台提供的营销工具，卖家自行灵活搭配使用打折、满立减、优惠券等促销手段。

（2）平台活动：平台活动是跨境电商平台的流量集中地，以速卖通为例，其平台活动非常多，包括常规活动，如 Super Deal、俄罗斯团购、巴西团购等，也包括行业主题活动，如童装、母婴产品的活动；以及 3、8、12 月举办的大规模平台大促活动和品牌馆 Brand Showcase 活动。

---

① ROI，投资回报率（Return On Investment），是指企业通过投资而从一项投资活动中得到的经济回报。

② EDM，即 Email 营销，电子邮件营销，指企业向目标客户发送电子邮件，建立同目标客户的沟通渠道，向其直接传达相关信息，用来促进销售的一种方式。

（3）关联营销：研究显示，在产品页面展示同品类相关产品，而不是随机展示不相关的产品，那么将有机会促进产品销售。通常卖家可以通过营销目的或产品定位来选择关联产品。

按照营销目不同，关联营销可以分为以下4类。

第一，助推爆款。目前爆款正在成长期，最近可能要参加平台活动，关联起来可以让它得到更多曝光机会。

第二，新品测试。一些主打的新品，作为新的爆款去关联，给予最多的曝光，进行测试。

第三，关联互补产品。关联与产品相关的产品，如卖戒指的可以关联项链、手镯等，关联互补产品可以提高客单价。

第四，关联替代产品，买家不喜欢A产品，如果推荐了B产品，则可能B产品会引起买家的兴趣，这样可以提高转化率。

按照产品定位不同，关联营销可以分为以下3类。

第一，引流款。性价比高、销量高、库存充足的产品均可以作为引流款。

第二，利润款。这是店铺的中坚力量，也是店铺持续发展的基石。

第三，形象款。设置形象款的主要目的不是出单而是提升店铺形象，这适合比较成熟的店铺。

（4）客户管理营销：这里主要是针对诚信且有购买力的优质历史客户进行的二次营销，以提升销量。一方面，卖家可以通过平台功能模块或第三方工具收集客户信息，包括客户购买的次数、金额、最近一次采购时间等，以便更好地跟进和服务；另一方面，卖家可以通过系统邮件、定向优惠券等方式进行二次营销。

（5）付费推广：各大主流跨境电商平台都提供付费推广服务。以速卖通为例，平台付费推广主要有基于竞价排名广告原理的直通车推广和联盟营销。

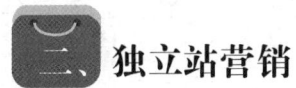

二、独立站营销

在独立站营销推广方式中，搜索引擎营销、社交媒体营销、电子邮件营销等为主流方式。

利用搜索引擎优化（Search Engine Optimization，SEO）的方法提升免费流量，是所有跨境电商营销方式中回报最高的。在网站策划和筹建阶段就需要把搜索引擎优化工作融入建站过程中，确保网站搜索引擎友好，避免后期花费时间和精力修改。站内搜索引擎优化的核心工作主要包括以下几个部分：网站内链结构、网站速度优化、关键词部署、结构化数据实施等。

内容营销可实现低成本引流和品牌推广，通过社交媒体内容营销可提升品牌影响力，从而增加品牌词带来的营销机会。同时，独立站运营者要重视EDM邮件营销，在营销渠道中，邮件营销仅次于SEO。

三、站外营销

1. 搜索引擎营销

搜索引擎营销（Search Engine Marketing，SEM）是一种网络营销模式，其目的在于推广网站、提高知名度，通过搜索引擎返回的结果来获得更好的销售或推广渠道。搜索引擎营销的方法包括搜索引擎优化（SEO）、付费营销、搜索引擎登录和排名、关键字广告等。而按点击付费（Pay Per Click，PPC）、Google Adwords和百度竞价排名都属于付费营销。

搜索引擎优化是指根据搜索引擎排名规则对网站从站内到站外进行全方位的优化，从而实现在搜索引擎的搜索结果中排名靠前，进而为网站带来流量，实现营销目的的网络营销手段。

搜索引擎优化主要分为两类：一是在线内容的管理和创建，旨在提升其在主流搜索引擎（如Google、bing等）中的表现，从而带来更多的自然流量；二是电商平台的SEO，如在亚马逊和eBay这样的主流电商平台中有数以万计的商品，如何让自己的商品在买家第一次搜索时就找到，以提高商品的曝光率，是一个成功跨境电商所必须掌握的。对很多独立站点上来说，SEO则是在建站初期就必须考虑的事项。

2. 邮件营销

邮件营销（E-mail Direct Marketing，EDM）是指企业通过EDM建立同目标客户的沟通渠道，向其直接传达相关信息，用来促进销售。EDM有多种用途，可以发送电子广告、产品信息、销售信息、市场调查信息、市场推广活动信息等。

邮件营销具有5个特性：一是精准直效，邮件营销可以精确地筛选发送对象，将特定的推广信息投递到特定的目标社群；二是个性化定制，可以根据社群的差异，制定个性化内容，让客户根据需要提供最有价值的信息；三是信息丰富全面，文本、图片、动画、音频、视频、超链接都可以在EDM中体现；四是具备追踪分析能力，企业根据用户的行为，统计相关数据并加以分析，获取销售线索；五是反馈迅速，邮件营销不仅是一种交互式的营销工具，并且具有迅速传播和易于反馈的特性，目标客户在通过邮件得到信息后，可以根据自己的喜好立即做出反应。

3. 广告联盟

广告联盟（Affiliate Program）是一种国外流行的互联网营销模式。1996年，互联网上效果型网络广告的构思被提出，特别是亚马逊采用了广告联盟后迅速成长起来，并渗透美国，也使广告联盟发展成为当今最流行的营销手段之一。

广告联盟参与者注册参加广告商的联盟计划，获得一个特定的只属于这个参与者的联盟计划链接。把这个链接放在自己的网站上，或者通过任何其他方式推广这个链接。当用户通过这个链接来到广告商的网站后,联盟计划程序会对用户的点击、浏览、销售操作进行跟踪。如果用户在广告商的网站上完成了指定的行动,广告商将把预先规定好的佣金支付给站长。

广告联盟主要有 3 种付费方式:按点击付费(Pay Per Click,PPC)、按引导付费(Pay Per Lead,PPL)、按销售付费(Pay Per Sale,PPS)。

主流的广告联盟包括 Google Adsense 及诸多第三方联盟,广告联盟推广者精通海外营销和广告投放,它们拥有较为优质的流量渠道和合作资源,通过自己承担广告费的模式来将商家的产品或服务推广出去,然后赚取差价,这一模式导致它们对转化率非常关注,而它们最常使用的也是数据分析工具,了解究竟有多少流量完成了转化。

4. 社交营销

SNS 站外营销推广主要包括社交网站老客户二次营销和社交网站新客户开发。SNS(Social Networking Services,社会性网络服务)平台主要以 Facebook、Twitter、Instagram、Pinterest、VK 等 SNS 平台为代表,专指旨在帮助人们建立社会性网络的互联网应用服务。SNS 的另一种常用解释是社交网站(Social Network Site)。

社交媒体建立了人与人之间直接的关系,创造了口碑传播的途径,这是卖家所需要的;社交媒体提供了更为丰富的创意表现形式,可以让卖家更好地展示自己的商品,吸引用户。在进行社交营销的过程中,有一个 4D 营销模型[①]。

社交营销以用户需求为核心,其落地点是内容营销,社交营销有几种内容展现形式:文字、图片、视频、直播和电子书等。社交营销需要利用用户传播的需求,如与众不同的信息、对用户有用的信息、社会和娱乐热点等,通过社交媒体将内容传播出去。

社交营销关键绩效指标(Key Performance Indicator,KPI)考核一般关注这几个维度:社交媒体话题流行度、品牌曝光度;网站 SEO 流量的提升;分享或点赞等社交媒体互动指标;社交链接;社交媒体的流量等指标;转化率、销量等。

5. 网红营销

随着社交网络的崛起,人们更加信任那些"网络红人"(简称"网红")所推荐的产品,网红营销正是一种将网络红人的影响力施加到产品销售上的推广方式。不少出口跨境电商已经开始利用网红为店铺引流了。在它们看来,网红带来的不只是订单,还有商家最想树立的品牌和口碑。

海外主要的网红市场有 YouTube 视频网红,主要以创意、搞怪、唱歌、舞蹈等才艺的为主;Facebook 社交网红主要以社会热点、时事等话题性的内容为主;Instagram 照片网红主要以美女、健身、摄影等为主。

---

① 4D 营销模型:在新互联经济时代,技术应用、消费模式、消费者思想都在发生重大转变,相应地,营销模型的内涵和外延也在变化发展,需要不断发展出新的营销模型来与不断变化的营销情境的过程相匹配。在这一背景下,以消费者需求为基础,涵盖了四大关键要素——Demand(需求)、Dynamic(动态)、Deliver(传递)、Data(数据)的 4D 营销模型更具有互联网精神与实效。

6. 视频营销

视频营销主要基于以视频网站为核心的网络平台，以内容为核心、创意为导向，利用精细策划的视频内容实现产品营销与品牌传播的目的。随着互联网的发展，YouTube、Facebook 和 Instagram 这类社交媒体平台出现了，电视广告已经不是视频营销的唯一方式。在美国，商家支付的网络广告费用在 2017 年首次超越电视广告费用。

视频营销可以更好地展示产品，让信息更吸引人，也易于分享。视频营销可以获得更高的品牌信任度，在视频中放上客户的评论可以提高品牌的信任度。

在电商网站主页使用视频是个极好的网页设计策略。这一设计可以让网站具有视觉吸引力，让访客长时间停留在网站上，也可以突出主页上的重点内容，将受众目光吸引到关键内容板块。

此外，由于页面停留时间是影响网站关键词排名重要因素，受众长时间观看视频也可以实现搜索引擎优化。

7. 程序化营销

程序化营销是指运用程序化技术的手段将媒体广告流量中的每次曝光机会都进行管理，支持采用程序化方式进行广告采买、投放及后续的数据回收；让整个营销传播过程逐步数字化，可通过数据来观察管理，有效管理营销的输出；通过给技术程序下达逻辑指令的方式让程序自动去执行。

程序化营销的直观优势是整体广告交易效率和交易规模大大提升。但需要注意的是，程序化广告仅仅是广告行业的信息化工具，要被营销人员所用才能发挥效用，因此需要将媒介分析及优化策略在工具中落实，这样才能帮商家通过程序化营销去管理大量广告投放过程。

程序化广告对于跨境电商的意义在于规模化整合并提供海外媒体渠道；更好地决策在合适的时间、合适的地点、对合适的用户投放合适的广告创意；通过竞价手段，有效控制成本，提升转化率；缩短优化周期，能够快速、规模化地覆盖人群，同时高效地优化结果。

程序化广告目前已经衍生出多种交易模式，以满足不同客户的需求，并且在媒介资源上也引入了更加多样化的渠道，覆盖的范围也由 PC 端发展到移动端、跨屏等多种。在技术层面，程序化营销整合了许多营销技术，如许多电商都在使用的"重定向功能"等，常用于电商进行老客户唤醒、提高复购率等。

 拓展阅读

跨境电商营销发展历程

1. 电子邮件营销（EDM）

世界上最早的跨境营销工具是电子邮件。虽然电子邮件是在 20 世纪 70 年代发明的，却是在 20 世纪 80 年代才兴起的。到目前为止，电子邮件营销依然是非常重要的营销方式之一。只不过现在的电子邮件技术比以前先进多了。比如，触发式邮件营销可以在特定的时间、地

点或其他特定条件下进行邮件推送，还可以根据客户上网的情况来决定推送邮件的频率和内容。

2. 搜索引擎营销（SEM）

SEO 于 2000 年兴起并在 2003 年传入中国。SEO（Search Engine Optimization）即搜索引擎优化技术，是指专门利用搜索引擎的搜索规则来提高网站的自然排名。SEM（Search Engine Marketing），即搜索引擎营销，就是全面而有效地利用搜索引擎来进行网络营销和推广策略。SEM 追求最高的性价比，以最少的投入获取最大的来自搜索引擎的访问量，并产生商业价值。SEM 包含了从搜索引擎进入的流量到最后达成销售的所有工作。

特别需要指出的是：一切电商的核心都是引流，而引流的核心技术就是 SEO/SEM。自从 2003 年年初 SEO 技术进入中国以后，它一直是电商引流的最主要的方式之一。其实第三方平台，如阿里巴巴，都采用 SEO 引流并进行第二次贩卖的商业模式，特别是在这些平台早期没有自然流量的情况下，都是从 SEM 开始的。电商做得好不好，最关键的还是看 SEM 做得好不好。这是衡量一个电商运营能力最核心的指标之一，跨境电商也不例外。

3. 社交营销（SNS）

自 2008 年开始，社交媒体和社交营销开始兴起。所谓社交媒体（Social Media），也称为社会化媒体、社会性媒体，指允许人们撰写、分享、评价、讨论、相互沟通的网站和技术，像新浪微博、微信就是中国最大的社交媒体。前者是 PC 端王者，后者是移动端王者。社交营销（也称作社会化营销）就是通过社交媒体进行营销推广活动的。

谈及社会化营销，必然要提到 3 大核心概念：新媒体、内容营销和集客营销。如果说新媒体是载体，内容营销（Content Marketing）是手段，集客营销（Inbound Marketing）是方式，那么这"三位一体"就构成了社会化营销的全部内容。在 20 世纪，营销策略偏重在付费的媒体及大众市场传播上；在 21 世纪，我们仍然需要购买传统媒体，但更重要的是我们还需要拥有属于自己的媒体。营销策略的关键在于如何才能赢得每个客户的关注和信赖。

跨境电商主要社交媒体平台有 3 个，分别是 Facebook、Pinterest 和 Twitter。它们在引流效果、停驻时间、转化率、性价比、平均客单价等方面都有差别。从引流效果看，Facebook 占绝对优势。因此，它的品牌推广作用最大，但是从具体销售单品来看，Pinterest 效果会更好。更重要的是，商家要学会如何综合利用这三个平台，以在推广品牌的同时，获取最大的销售额和利润。随着时间的推移，这些平台都在发生一些变化，商家需要及时加以调整。

4. 第三方需求平台（DSP）

和传统广告方式不同，DSP 提供了一种全新的精准推送机制，供商家实现多屏整合、全流量、大数据的数字营销投放。DSP（Demand Side Platform），即第三方需求平台，简单地说，就是广告实现实时竞价、程序化购买。随着人群定向技术的发展，广告投放终于从购买媒体转变为直接购买受众。RTB（Real Time Bidding，实时竞价），对每个曝光机会进行单独购买，谁出价高，谁的广告就会被用户看到。这种方式的好处就在于：Ad Exchange（广告交易平台）售卖的不是传统意义上的广告位，而是访问这个广告位的具体受众，投其所好地进行广告投放，就能产生最大的收益。因此，近年来 RTB 模式成为发展热点。

在RTB生态中，Ad Exchange（广告交易平台）就像淘宝，联系着买方和卖方。DSP（需求方平台）为商家服务，商家可以设置广告的目标受众、投放地域、广告出价等。而SSP（供应方平台）则服务广告位拥有方，拥有丰富媒体资源和用户流量的媒体可以在平台上管理自己的广告位，控制广告的展现、设置补余等。

DSP于2010年在中国兴起，并于2013年爆发。国内产生了一大批优秀的第三方DSP公司，如悠易互通、品友互动、MediaV、易传媒等。目前正处在传统广告模式和DSP此消彼长的演变过程之中。

5. 重新定位和再营销技术（Retargeting and Remarketing）

所谓重新定位和再营销技术，就是Google Adwords推出的针对浏览过网站的人进行再次营销的广告方式。

重新定位分为Display Retargeting和Site Retargeting两种。其中Site Retargeting和Google的营销差不多，而Display Retargeting主要针对在搜索引擎中搜索过相关的关键词，但未访问过站点的用户。Display Retargeting更多地是帮助挖掘新客户，而Site Retargeting更多地是在现有用户中做文章。

做这种营销需要植入一段代码。第三方平台（如亚马逊）是拒绝卖家私自植入代码的，但是独立站中就可以操作。另外，为了达到更好的效果，网站的流量不能太小。越是大平台，效果就越好。目前国外主要服务商是Adroll、Retargeter、Chango等，国内有Critea。

6. 整合营销（Integration Marketing）

整合营销是指企业结合自身实际情况，采用多种营销技术、多种营销方式。

目前SEO和SEM技术已经出现瓶颈，竞争激烈，成本急剧上升但转化率（ROI）下降，同时存在恶意点击、受众不精准等缺陷。Google算法的调整也致使早期的SEO优化技术部分失效。与此同时，SNS越来越受到重视。而Facebook也逐渐推出一整套比较完整的网络推广方式。通过技术手段，能够在后台让投入、流量和转化得到直观的体现。

网络营销从过去以SEO为主开始转向以SEO为主、以SNS和Retargeting技术为辅。还可以实现其他多种组合，如SEO+Retargeting、EDM+Retargeting等。目前在国内外都出现了一些电商服务商，如国内的全球贸易通、BigCommerce、3Dcart、Shopify和Volusion，尽量把上面提到的营销方式整合到一个平台内，利用SaaS方式打造一个价格合理、操作简单、服务品种多样的"超市"。这是未来外贸营销发展的一个基本趋势。

（节选自：中国电子商务研究中心）

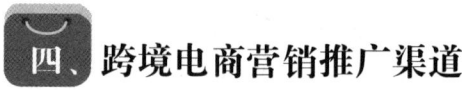

四、跨境电商营销推广渠道

1. Google

在互联网时代，人们习惯使用搜索引擎寻找他们需要的信息。对于跨境电商来说，全球使用量最大的搜索引擎——Google，能够让更多的客户找到自己的产品或店铺，是所有主流海外推广渠道中必须关注的。Google Adwords 是其最重要的广告产品，其中包括关键词搜索广告、图片多媒体广告、YouTube 视频广告及 App 广告等多种形式。

关键词搜索广告是指 Google 用户在搜索商品和服务时，搜索广告可以把商品展示在搜索结果旁，搜索广告采取点击付费模式，即当用户点击广告后才开始计费。搜索广告的建立流程可以大致分为市场调研及关键词选择、建立广告系列、设定竞价投放、追踪和优化 4 部分。每个 Adwords 账户可以构建多个关键词广告组，先设定好详尽的关键词内容，就可以进行竞价投放，Google 采用的竞价包含两部分，即价格评分和质量评分，所以能否获得前排展示位置不仅要设定价格，也要进一步考量广告的关键词匹配度、相关性、着陆页表现等多个因素。

Google Adwords 中的多媒体广告包含文字、Gmail、横幅广告、应用 App 等形式。Google 的多媒体广告联盟覆盖百万计的网站、新闻站点、网络媒体、Gmail 和 YouTube 频道等，官方称能够触及全球 90% 的互联网用户。多媒体广告可以采用广告精准定向、关键词、人口属性和再营销等方法，最大化广告的展示效果，广告的制作过程大致包括选择广告形式、设定广告展示位置和目标人群、设定目标预算等。在结算上既包含点击付费，又包含展示次数付费。

Google Adwords 本身附带详尽的报表系统，可以用来衡量投资回报率，评估网站流量和品牌关注度。此外，Google Analytics（分析）是一项用来追踪所有入站流量的强大工具，可以搭配 Adwords 使用，在报表中加入诸如跳出率、平均工作持续时间等数据，优化预算分配、出价、到达页和广告文字等。

2. YouTube

YouTube 是全球最大的视频网站之一，据统计，每月登录其网站观看视频的用户达到 15 亿，用户每天在移动设备上观看的视频时长超过 1 小时。

YouTube 视频广告的形式包含多种，其中包括：在首页展示、以 CPM 计费、主打品牌的广告形式；可选择跳过的 True view 广告；Display Ads 展示广告等。除了付费广告推广，建立自己的视频主页或寻找网红投放视频软广也是一种推广思路。数据显示，68% 的用户购买行为会受到 YouTube 视频的影响，72% 的 YouTube 订阅者会在最喜欢的播主发布新视频后 24 小时内观看。YouTube 有一套广告生成工具，并有针对广告效果的评估系统，可以以效果为导向进行运作。

3. Facebook

Facebook 是目前全球最大的社交网络之一。覆盖众多的活跃人群，是多数跨境电商选择 Facebook 的重要原因之一，除了直接的引流，Facebook 同样可以帮助大电商树立自身品牌的知名度，运营 Facebook 主页已经是绝大多数跨境电商必选的一个推广方式。

动态广告是 Facebook 广告体系中的个性化广告产品，可根据用户在网站、应用或其他网络平台表现出的兴趣，自动向他们推广相关的商品。上传商品目录并创建营销活动，所有操作只需进行一次，即可视需要持续为每件商品寻找合适的受众，并根据最新的价格和库存状况推广商品。其特点是：触及更多潜在受众、对用户进行再营销和跨设备覆盖。

Facebook 目前覆盖 20 亿人，支持的广告形式包括视频、照片、轮播、幻灯片和全屏广告等。Instagram 支持视频、照片、轮播和快拍；Audience Network 主要将广告投放到 Facebook 之外的地方，支持视频、照片和轮播。

Facebook 并不强调拥有哪些特定的广告形式，更突出成套的广告系统，即同时在 Facebook、Instagram 和 Audience Network 上投放广告，一条广告多处投放，每条广告只需创建一次，完成后在"版位"下选择"Facebook"、"Instagram"或"Audience Network"即可。

Facebook 提供多种广告管理工具，衡量潜在客户人数、安装量、购买量、转化量和投资回报等指标，了解营销决策对销量目标的直接影响。

4. Instagram

Instagram 是 Facebook 旗下著名的图片社交平台，人们在 Instagram 上寻找灵感和探索自己感兴趣的事物，其中就包括商家发布的内容。目前，全球有超过 100 万个商家使用 Instagram 的广告推广产品。根据官方统计，75% 的 Instagram 用户会在被广告打动后采取行动，1/3 的热门图片快拍来自商家。

Instagram 是许多年轻人热衷使用的产品，吸引年轻用户成为不少电商平台的目标。由于主要采用图片、视频等感染力较强、创意要求较高的形式，因而在转化效果和自身品牌的建设上会有很大帮助，但门槛很高。

Instagram 广告的创建需要使用 Facebook 广告工具、Power Editor 或 Instagram 合作伙伴。广告形式包括图片、视频、轮播、快拍等。其中快拍是在 Instagram Stories 版位投放的广告，具体而言，商家可以上传照片或视频（最长 15 秒），在用户的两个快拍之间展示广告。

除此之外，推广帖也是使用 Instagram 推广的一个便捷方式。值得注意的是，要在 Instagram 上投放广告，必须先进入 Facebook 主页。Instagram 广告将展示给使用 iOS 和 Android 版 Instagram 应用的用户，而桌面及非客户端浏览时无法看到广告。

5. Pinterest

Pinterest 是一家以兴趣发现为主的图片社交网站，通过在页面底部不断地加载新图片为用户提供内容。赞助广告（Promoted Pins）与用户自己发布的原生广告几乎一样，商家可以通过付费让自己赞助的广告被更多的用户看到，从而起到推广的作用。

目前，Pinterest 月活用户超过 1.75 亿，75% 的点赞图片来自商业推广，Pinterest 官方称赞助广告并不会对用户造成干扰，相反它帮助人们找到适合他们的产品和服务。在用户点赞之后，这则赞助广告同样会出现在点赞者的信息流中，从而被推向更多人，但这一过程是免费的，官方称大多数赞助广告都会收获约 20% 左右的额外传播关注。

Pinterest 的广告形式包括赞助图片、赞助视频、点击跳转赞助图片、动图广告 Cinematic Pins 等。

Pinterest 的广告采取点击付费（CPC）的模式，商家可以着重关注点击跳转的广告形式，用户在点击赞助图片后，可以直接跳转到商店，增加进店销售额和店铺流量。但需要注意的是，Pinterest 的流量主要为兴趣流量，并非很强的社交关系流量，因而要注重创意和兴趣展示，并与其他社交平台进行配合。

6. Snapchat

Snapchat 是近年来在欧美地区年轻人群中流行的阅后即焚社交应用。官方第一季度数据显示，日活跃用户有 1.9 亿。因为用户群体的因素，Snapchat 的广告以创意性强、年轻化、富有乐趣而著称。

目前，Snapchat 的主要广告形式有 Snap 广告、地理定位图片滤镜广告和动态视频滤镜广告。

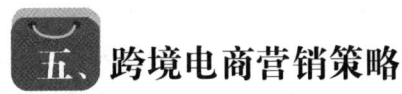

五、跨境电商营销策略

1. 选品策略

（1）重视调研

首先，了解产品标识符，了解标识符所代表的信息，用的是 UPC（12 位条形码）、EAN（13 位条形码）、ISBN（书籍专用 12 位条形码）还是 ASIN（亚马逊 12 位条形码）。

其次，衡量产品状况。基本的分析包括：了解有多少卖家供应这款产品；它有多少条评论或销售历史记录；Google Trends 和 Google 关键词规划师这两款免费工具提供了每月搜索量数据和平均每次点击费用，它们有助于了解不同时间内特定搜索词的热门程度。

最后，了解产品在相关平台的表现。对于亚马逊，主要指标是评论数量、评分、卖家数量、是不是亚马逊自营的、产品是否有 FBA（这往往表示产品的需求量较大）。对于 eBay 平台，应考虑和能够提供产品月销售量数据的服务商合作。

（2）关注细分产品分类和利基产品

利基产品（Niche Product）受众群不会很大。传统市场未能满足他们的需求，应运而生了小众产品，但有不错的利润点。利基产品的市场叫利基市场（Niche Market）。利基产品虽然客户群小众，但是需求量一定不少，有相对的竞争力，也是社交平台或论坛网站关注和讨论的焦点，能够在网上找到目标客户，如大码服装、左撇子专用产品等。

（3）充分了解目标市场

不管是欧美市场、东南亚市场还是中东市场，它们各自的需求都是不同的。比如数据线、移动电源基本在每个国家、每个电商平台都是热销商品，重点在于，在美国和西欧主流国家市场有相当一部分比拼的是品牌和品质，欧洲二线国家市场比拼的是性价比，而在东南亚国家市场比拼的是价格。所以目标市场人群分析、产品定价都是选品阶段要考虑的重要因素。

（4）善于发现产品趋势

平时多关注一些社交网站、流行博客等，以便掌握最新产品动态。例如，众所周知的 Pinterest 等专注分享的社交网站就有很多流行的产品信息。

（5）规避专利侵权

做跨境电商一定要把知识产权问题重视起来，只有提高知识产权保护意识，才能走得更远。

2. 定价策略

电商卖家使用的3种产品定价策略主要有：基于成本的定价策略、基于竞争对手的定价策略和基于产品价值的定价策略。

（1）基于成本的定价策略

这可能是零售行业最受欢迎的定价模式。其最大的优点就是：简单。一家商店，无论是实体店还是电商店铺，用不着进行大量的客户或市场调查就可以直接设定价格，并确保每个销售产品的最低回报。价格计算方式为：成本＋期望的利润额＝价格。

（2）基于竞争对手的定价策略

这种策略需"监控"直接竞争对手对特定产品制定的价格，并设置与其相对应的价格。

（3）基于产品价值的定价策略

这种策略需要进行市场研究和客户分析，需要了解最佳受众群体的关键特征，考虑它们购买的原因，了解哪些产品功能对它们来说是最重要的，并且知道价格因素在购买过程中占了多大的比重。换句话说，在这种策略下，产品价格是以客户的感知价值为基础的。

 拓展阅读

大品牌的 Instagram 是怎么做推广的

找准客户，建立和客户之间的紧密联系，在客户群体中树立起自己的口碑，这些都是很重要的。如今，有了社交媒体的帮助，建立联系的过程变得简单了很多。而在众多社交平台中，Instagram 则是现今商家最喜欢使用的平台了。我们一起来看一些知名品牌在 Instagram 上进行推广的案例，看看顶尖品牌是如何让自己的帖子变得对关注者充满吸引力的。

1. Nike

大公司通常有实力请一些名人为它们的产品代言。Nike 作为运动服饰的巨头自然也有

这样的实力。而与单纯请名人做大屏幕广告、印了海报到处贴不同的是，它们将名人效应以很独创的方式在 Instagram 上展示出来，吸引了更多的关注和粉丝。如图 3-1 所示为 Nike 2017 年的帖子。

大部分人第一眼看到这个海报的少年时可能也只会当他是一个普通人，但是看了配文，应该就有不少热爱足球的人能猜到海报中的人是谁了，这是克里斯蒂亚诺·罗纳尔多少年时的照片。这个简单的帖子没有什么特别的东西，但是从图中我们也能看到，点赞数接近 80 万。这就是名人效

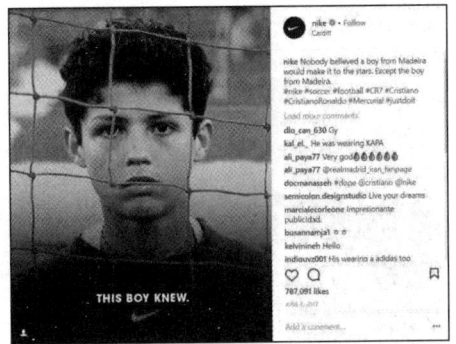

图 3-1　Nike 2017 年的帖子

应，如果换成普通人，也许效果会比这个差一些，但是不要小看了"普通人"这个概念，因为我们所针对的每一位客户，从某个角度上讲，都是"普通人"。

2. ASOS

从事市场营销的人都希望消费者自发地为产品或服务做转发推广了。口碑推广的方式不仅不需要什么支出，效果也比各种类型的广告来得好。正因为有着这样的优越性，才使得每个品牌都渴望能让其关注者和消费者点赞和转发。

在 Instagram 上，ASOS 邀请一些普通人成为自己的"品牌大使"，让自己的品牌内容能在更多的渠道中散布开。这些"品牌大使"通常都是经常在平台上发布时尚信息的潮人。其实这也可以算作名人效应，和 Nike 广告中的名人不同的是，这些名人距离普通人更近。

而在内容的选择上，ASOS 的帖子更偏向使用明亮的色彩。原因很简单，有研究证明，人们更容易被色彩鲜艳的东西吸引，当然太亮了也会适得其反。所以 ASOS 很聪明地对色彩进行了更合理的修改，让"鲜艳"更加显眼。

如图 3-2 所示，这里截取的只是一小部分，在这些图片中，大量地使用了红色、粉色、绿色、金色和亮橘色。这些颜色对于大多数人来说是非常惹眼的，而在 Instagram 的帖子中使用这些颜色，对于追求时尚和个性的年轻人来说，是有着一定吸引力的。

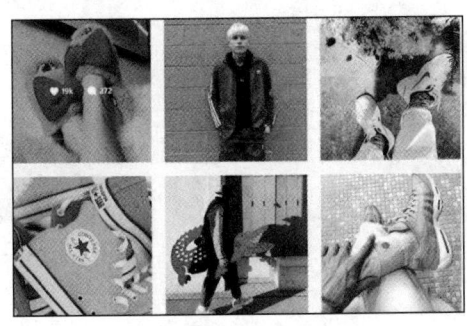

图 3-2　ASOS 帖子

3. King Arthur Flour

把产品本身完美地呈现出来是第一要务。如果能做到像 King Arthur Flour 这样，把美味的产品做得诱人至极，那就最好不过了。

如图 3-3 所示，像这样的照片在 King Arthur Flour 的账号中随处可见，图片将甜点的

纹理清楚地展示出来。除了这样直接展现产品本身的图片，人们还很喜欢"产品背后的故事"，如展示产品生产过程中的场景，这让人们有一种门缝里看风景的感觉。当然了，这样的场景必须符合主流审美趋势，如果是肉制品工厂的话，要想选个好场景可得下大功夫。但如果是精致食品，可以参考 King Arthur Flour 的帖子，如图 3-4 所示。

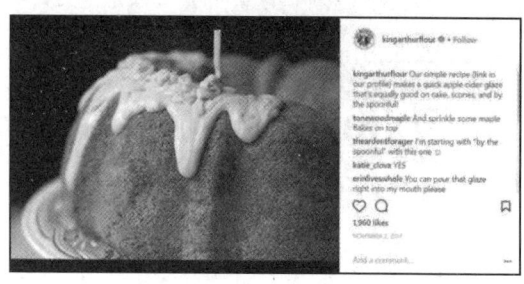 

图 3-3　King Arthur flowr 帖子　　　　　　图 3-4　King Arthur flowr 精致食品帖子

为图片配上一些短传记的文字，可以让图片的真实感更强烈，还能带来"这可是实拍，没修改过"这样的加分印象。

4. Herschel Supply Co

我们先看这个品牌的帖子，然后猜猜推广的产品是什么，如图 3-5 所示。

如果猜的是背包，那可能对这个品牌有所了解了。旅游的美景，会让没有时间、精力的人更加渴望自己也能像图片中人一样，来一次说走就走的旅行，而当人们开始有了这样的想法之后，转变成消费者的可能性就很大了。

除了像工作室做出来的产品图片（如图 3-6 所示的旅行箱的帖子），Herschel 最喜欢的就是场景图。比对这些图片，会发现，在绝大多数图片中都看不见模特的正脸，但是在这种情况下，观众却不会产生"广告，关了它"这样的想法，这就是 Herschel 的厉害之处了。

图 3-5　Herschel Supply Co 帖子　　　　　　图 3-6　旅行箱的帖子

（资料来源：雨果网）

拓展阅读

国外电商卖家的 7 个节日季营销"妙招"

感恩节、圣诞节、光明节、新年……进入年末，卖家们摩拳擦掌地施展十八般武艺，就想在这个节日季赚个盆满钵满。来自美国波士顿 HubSpot 的 Rachel Sprung 给我们分享了节日季的 7 个营销秘籍。

显而易见,节日季并非只有 12 月 25 日这么一天。事实上,11 月和 12 月这最后两个月的时间都可以当成节日季来庆祝。但对于营销人员来说,这也意味着从现在开始,就需要思考并规划节日营销计划了。

如果到 12 月 1 日才开始实施营销策略,那就太晚了。现在,正是让营销计划开始运转的时候。

因此,如果你还没开始思考年末营销策略,花几分钟时间看看下面这 7 个国外卖家所采用的营销策略,将有助于你制定并实施一个全面、有效的节日营销策略。

1. 思考你的营销策略

首先,要想想该怎么在这个购物季的一些主要节日里推广你的品牌,包括感恩节、圣诞节、光明节和新年等。同时,还需要把一些已经十分流行的购物节日也考虑进去,包括"黑色星期五"、"小型企业星期六"及"网络星期一"等节日。

一旦你想清楚了哪些节日最适合你的企业制订推广计划,就需要开始让计划运转起来。

2. 不要只关注于圣诞节

传统营销节日经常会被圣诞节的气氛所淹没,但是节日季的营销活动并非只是为圣诞节而存在的,因此,不要等到 12 月才开始实施你的营销战略。

例如,自 2010 年以来,由美国运通推出的"小型企业星期六"通常会在感恩节后的星期六举行。美国政府鼓励人们在这天支持国内的小企业,而小企业则会在这一天提供特别优惠和促销打折活动。

3. 提供与节日主题相关的商品和内容

为了宣传你的促销信息,需要为客户提供围绕节日营销主题的商品。在某些情况下,这可能包括为客户提供折扣。另外,还可能包括为节日营销创造内容。比如,下载电子贺卡模板来进行季节性营销。

在为节日主题的商品制造了营销噱头后,就可以把这些创意集合到一起。有许多营销工具可供选择:广告语、横幅、网页、照片、社交媒体上的图片等,这些都将有助于营销推广活动。而且,还可以到一些免费的节日营销图片网站上去找合适的广告图片。

如果我们继续用美国运通的例子,你会发现,美国运通还为参加"小型企业星期六"的小企业准备了一个营销资源的页面。具体来说,美国运通为小企业提供了可供其使用的 Logo、广告、可打印的招牌等营销资源。同时,小企业还能根据自己的业务进行个性化定制。另外,公司还创建了社交媒体和邮件营销模板,以帮助小企业制定促销策略。

4. 提前规划社交媒体营销策略

在节假日,你会发现社交媒体上的受众互动率下降了许多。原因是什么呢?很多人可能在度假,或是在为即将到来的假期做计划。然而,这并不意味着营销人员就没事做了,仍然有很多种办法让社交媒体受众在节假日的时候与你互动。

比如,提前规划好你的"编辑日程"。这有助于你在节假日期间写出所有需要的内容。在编写内容后(如博客、电子书、幻灯片等),做好这些内容,并在 11 月与 12 月期间发布。

同时，还要继续监控社交媒体账户。利用首选的社交媒体工具来追踪节日里的关键词动态趋势，以便主动做出回应。甚至可以根据研究的关键词设定几个预设回复。

5. 优化关键词

如果你选择付费点击广告作为节日里的推广方式，那么在这之前还有几件事情需要考虑：

首先，搞清楚受众会在何时搜索你的品牌，以及他们使用的关键词。如果你的公司是B2B企业，那搜索量最大的时间可能是工作时间；而如果是B2C企业，那么晚上和周末的流量可能更高。

其次，创建广告文案。想想当受众在搜索的时候想的会是什么？他们是在为家人挑选礼物，还是为同事制作广告文案时，要把目标受众考虑进去，制作出适合受众的广告，以便在快节奏的节假日期间吸引他们的注意力。

6. 考虑举办线下活动

节假日期间是策划活动的最佳时机。如果打算策划一个线下活动，那么，在开始为该活动采购圣诞灯饰和其他节日装饰时，应该先想清楚这个活动的目的到底是什么。

你想达到什么目标？这个活动如何使你更容易接触到受众？如果只是为了举办活动而举办活动则毫无意义，但是设定一个清晰的目标，并能通过举办一次聚会完成这个目标就显得有意义多了。

利用一次与受众面对面的机会来扩大你的受众范围，可以作为一个目标。当你举办一个活动时，参与者通常会用这个活动的标签来发布推文，利用这个标签，你可以顺势推广营销活动的其他内容，如提供的商品及优惠信息等。

这样一来，参加活动的人及他们的社交粉丝通过标签看到营销内容的概率就增大了。因此，有策略性地结合线上与线下的活动，可以更好地达到目标。

7. 专注于客户满意度

在节假日期间，大部分公司都至少会做一个推广活动。一些公司会提供折扣，有些则会专门为节日准备特价商品。不管怎么做，客户满意度都应该作为营销方案的首要考虑因素。

在思考营销目标时，想想你要如何确保客户满意度。如在营销时稍微改变广告的一个立意，以表示对客户的感谢，也是值得尝试的方法。

【资料来源：雨果网】

走进职场

岗位名称：跨境电商营销专员。

薪资待遇：0.7～1.4万元／月。

工作地点：浙江宁波。

岗位职责：

（1）负责公司产品销售渠道的规划和建设，制定有效的代理开拓方案。

（2）维护代理，搭建销售网络，制定产品推广的解决方案，培训。

（3）根据公司市场营销战略，积极完成销售量指标，提高产品市场占有率。

（4）动态把握市场价格，定期向公司提供市场分析报告。

（5）收集一线营销信息和用户意见，对公司营销策略、售后服务等提出参考意见。

任职资格：

（1）大专及以上学历，营销、管理类专业为佳。

（2）熟悉跨境电商业务优先，对快消品行业分销或代理有一定经验基础和人脉资源。

（3）熟悉线上电商、线下店铺或商超体系运作流程的优先。

（4）有文案能力及培训背景的优先。

（5）对进口贸易流程有认知的优先。

（6）具有一定的管理能力、沟通协调能力和领导能力。

跨境电商营销专员典型职业活动和职业能力分析表如表3-1所示。

表3-1 跨境电商营销专员典型职业活动和职业能力分析表

典型职业活动	跨境营销产品与活动策划
工作任务	目标设定、内容设定、成本核算、撰写方案、跟踪实施、反馈修订
职业能力要求	能够理解企业发展目标和市场需求特点，收集国际市场消费趋势和产品发展动向，确定产品策划和营销目标，为制定产品营销策划方案指明方向
	能够掌握国外节假日情况、敏锐把握目标市场国家事件、善于运用企业自身事件时机来确立营销活动策划目标，为营销活动策划方案设定方向
	具备品牌发展理念，树立打造国际品牌的目标，掌握国际品牌注册流程、品牌推广方式和品牌维护理念，确立品牌营销目标
	能够准确、全面地理解营销策划的产品，掌握产品属性和卖点、目标国家消费心理及竞争对手营销策略，形成精准、独特的产品营销策划创意和内容
	能够全面掌握各大跨境电商平台、搜索引擎、社交平台等的营销方法，结合企业营销需求选择活动的开展时间、方式方法和覆盖人群，形成策划内容
	立足品牌营销策划目标，根据自身产品与服务的特点制定长期与阶段性品牌营销内容，推行全渠道品牌内容推广
	根据营销目标和营销内容确立营销渠道、营销步骤，规划人力、设备等资源投入，并根据以上内容进行营销策划的成本核算
	掌握营销策划方案的写作流程和技巧，并能撰写具体、清晰、可行的策划方案
	能够了解营销方案实施部门的业务状况，协调相关业务部门，推动营销策划方案的实施
	能对营销方案的实施进行全程监控和效果跟踪，实时掌握策划方案的有效性和变化规律
	能根据营销方案与实施效果的偏差对方案进行调整，并根据最终效果对后续营销方案进行修订与完善

续表

典型职业活动	选品分析
工作任务	海外市场分析、产品定价分析、产品销售周期分析
职业能力要求	能够借助跨境电商数据分析工具，对产品的市场容量和行业进行分析，了解该类型产品的市场现状和成长空间，形成符合要求的市场容量分析报告
	能够运用平台或第三方提供的相关数据，结合自身产品的特点进行分析，了解自身所经营产品在当前市场中的竞争力（含竞争对手分析）情况，形成符合要求的竞争性数据分析报告
	能够运用平台或第三方提供的相关数据，分析目标市场用户的购买行为、支付时间、搜索习惯等，形成符合要求的海外消费者调研报告
	能够结合自身经营产品的采购成本、物流成本、营销成本、平台佣金等进行分析，形成符合要求的产品定价模型
	能够结合产品定价模型，针对当前市场竞争情况，合理制定不同产品销售阶段的定价策略
	能够依据产品销售的市场表现，及时优化产品定价策略，从而达到公司效益的最大化
	能够根据产品成本组成及市场销售价格情况，及时核算产品利润率，形成符合要求的利润分析表
	能够借助跨境电商数据分析工具，对转化率进行实时分析，针对市场表现情况，及时优化选品策略
	能够根据产品采购备货周期及当前的销售利润情况，及时调整备货数量和采购策略
典型职业活动	国际市场推广
工作任务	推广方案制定、推广方案实施、推广方案优化
职业能力要求	能根据企业的市场定位与经营方针，选择适当的电商平台
	能够针对企业经营目标，借助电商平台，利用适当的电商行业分析软件开展市场调研与分析，选择最合适行业或类目
	能够根据海外区域市场的需求，结合国内优质产品进行选品
	能够结合平台本身的特点，从推广目标、推广渠道、推广计划进度、推广预算等方面制定合适的推广方案
	能够根据推广方案要求，通过 SNS/SEO 等渠道开展宣传公司品牌、收集数据、挖掘并分析目标客户需求等活动，提高点击率和转化率
	在推广进程中，能根据推广方案执行情况反馈，实时调整货品结构、价格策略、图文设计等

续表

职业能力要求	能根据推广结果分析评价推广成效
	能根据推广结果调整优化推广方案

业务操作

任务一　设计邮件营销活动

工作任务：
请为温州中芝贸易有限公司（http://www.wzchoice.com/）设计一次营销邮件活动。
实例解析：
温州市中芝贸易有限公司成立于1998年，公司从事时尚个人用品的开发和销售，主要产品有健康个人护理、美丽个人饰品、时尚个人生活用品，产品远销东南亚、欧美、中东、非洲等80多个国家和地区。

操作步骤
（1）确定营销目标。
（2）收集邮件列表。
（3）确认发送频率。
（4）选择发送时间。
（5）打造有吸引力的邮件内容。
（6）撰写强有力的邮件标题。
（7）在邮件中加一个"点击这里"或"立即购买"等引导链接。
（8）个性化内容。
（9）包含退订链接。
（10）效果跟踪及分析。

任务二　策划Facebook营销活动

工作任务：
策划一份开学季Facebook营销活动。
实例解析：
温州市爱好笔业有限公司是一家以书写工具为核心的文具生产企业，并拥有完整的文具品类研发生产能力和销售网络服务能力，是目前国内规模最大、技术最先进的大型文具生产企业之一。公司致力于圆珠笔、中性笔、荧光笔、活动铅笔、水彩笔、水笔等6个笔类的生产和开发，目前产品已达100多个规格品种。

操作步骤

（1）调查市场。

（2）客户画像。

（3）选品。

（4）组织营销活动。

（5）引流。

 ## 项目小结

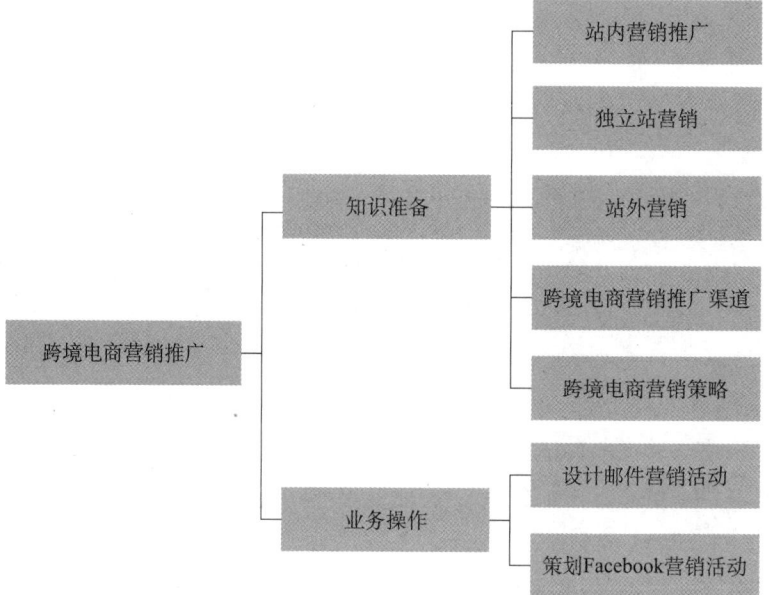

 ## 课后思考题

（1）速卖通平台有哪些付费的站内营销方式？

（2）如何拟定有吸引力的邮件标题？

（3）举例说明大数据精准营销。

（4）搜索引擎营销的常用工具有哪些？

项目四

跨境电商物流

学习目标

知识目标

- 了解跨境电商物流网络及要点
- 掌握主要跨境电商物流方式
- 掌握跨境电商物流方案选择

能力目标

- 能够对比分析主要跨境电商物流方式的优劣势
- 能够选择合适的跨境电商物流方案

典型工作任务

任务一　了解知名跨境电商物流服务商概况
任务二　跨境电商物流方案调研

导入案例

跨境电商的智慧物流系统

现阶段跨境物流时效低、妥投率低及出口国和目的国清关难等问题频出。跨境物流的竞争力不仅体现在价格上，降低风险和增加收益也是卖家的需求点；在合规化运营的前提下，跨境B2C类小包裹数量增加，要求卖家：如实申报、快速申报、规范申报；合法结汇以降低收汇风险和收汇成本；合法退税，既能帮助卖家增加收入，也是支持跨境电商企业进入资本市场的途径。

跨境电商有广阔的发展前景，但在发展过程中难点很多，商品如何通过电商渠道在另一国家有效流通，成为困扰跨境电商企业的难题。现阶段国内的跨境电商产业未能实现规模化发展。业内人士对于跨境电商现状的思考，大多聚焦于商品的供应和流通环节，但实际上物流环节对于跨境电商同样关键。

跨境电商智慧物流核心技术有：①物流自动化、智能化运营技术，主要包括自动分拣技术、机器人配送技术等，不仅能节约跨境电商物流联盟很大一部分人工成本支出，而且能够切实保障物流货品的高分拣效率和零失误率；②感知识别方面的数据采集、数据处理、资源优化技术，主要包括无线射频识别（RFID）技术、定位技术、配送路线优化技术等，基于此可对物流数据和相关资源进行全面的整合与匹配；③物流信息平台运营核心技术，主要包括移动互联网技术、功能优化技术、风险控制技术等，可以此持续提高供应链质量；④开拓物流业务的核心技术，包括需求信息获取技术、需求信息标准化处理技术、多功能方案设计与评估技术等，主要通过对具体物流方案的构思，逐步开拓相关市场，以最少的资源消耗智能化地满足客户多样化的需求，进而实现智慧物流低碳型模式升级。

跨境电商智慧物流通过对人、货、运输工具、节点、线路等控制要素的管理，同样可以实现以下三方面的优化。

（1）集成物流管理：跟进跨境电商物流，打通链条上所有服务商的数据。

（2）快速的物流运输：通过数据的应用，提高物流运输作业的效率与准确率。

（3）多方在线协作：完善的作业SOP，实现跨国界、跨产业、跨时区、跨语言的国际化合作。

在当前市场环境下，在各种类型的行业中，物流供应链被许多企业视为生命线。物流供应链管理在控制成本、降低库存、分散风险方面的作用已经得到越来越多的企业家的认同和重视。

（节选自智客号网，2019）

知识准备

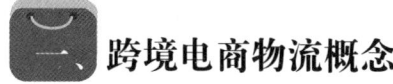跨境电商物流概念

随着跨境电商的发展，跨境电商物流迅速成长。跨境电商物流是指位于不同国家或地区的交易主体通过电子商务平台达成交易并进行支付清算后，通过跨境物流送达商品进而完成交易的一种商务活动。

由于电商环境下人们的交易主要依靠网络进行，此时作为线下主要活动主体的物流配送就显得十分重要，它直接关系到电商交易能否顺利完成，能否获得消费者的认可。

二、跨境电商物流网络

1. 国际港口口岸

港口是位于海、江、河、湖、水库沿岸，具有水路联运设备及条件供船舶安全进出和停泊的运输枢纽，是水陆交通的集结点，是工农业产品和外贸进出口物资的集散地，是船舶停泊、装卸货物、上下旅客、补充给养的场所。

港口由水域和陆域组成。水域通常包括进港航道、锚泊地和港池，陆域指港口供货物装卸、堆存、转运和旅客集散之用的陆地面积。港口设备包括陆上设备、港内陆上运输机械设备、水上装卸运输机械设备等。2019年全球十大港口排名如表4-1所示。

表4-1　2019年全球十大港口排名

排名	港口
1	上海港
2	新加坡港
3	宁波舟山港
4	深圳港
5	广州港
6	釜山港
7	香港港
8	青岛港
9	天津港
10	迪拜港

2. 国际航空港

航空港是指位于航线上的、为保证航空运输和专业飞行作业用的机场及有关建筑物和设施的总称，是空中交通网的基地。航空港由飞行区、客货运服务区和机务维修区三部分组成。其中，飞行区是航空港面积最大的区域，设有指挥台、跑道、滑行道、停机坪、无线电导航系统等设施。航空港的主要任务是完成客货运输服务，保养与维修飞机，保证旅客、货物和邮件正常运送及飞机安全起降。

航空港按业务范围分为国际航空港和国内航空港，其中国际航空港需经政府核准，可以用来供国际航线的航空器起降营运，配有海关、移民、检疫和卫生机构；而国内航空港仅供国内航线的航空器使用，除特殊情况外不对外国航空器开放。2019年全球十大航空港排名如表4-2所示。

表4-2　2019年全球十大航空港排名

排名	航空港
1	亚特兰大机场
2	北京首都国际机场
3	迪拜机场
4	洛杉矶机场
5	羽田机场
6	芝加哥机场
7	希思罗机场
8	香港机场
9	浦东机场
10	巴黎机场

3. 跨境电商物流企业

（1）集装箱班轮公司（船公司）

集装箱班轮公司是指拥有或自己经营船舶，提供国际港口之间班轮服务的船舶运输企业。全球十大集装箱班轮公司如图4-1所示。

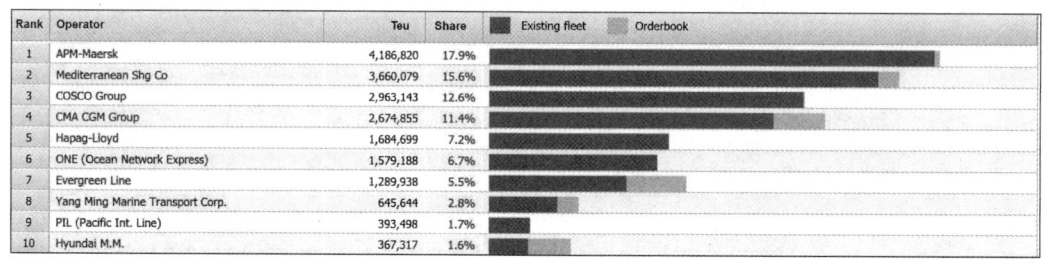

图 4-1　全球十大集装箱班轮公司

（2）航空公司

航空公司是指以各种航空器、飞行器为运输工具，以空中运输的方式运载人员或货物的企业。全球十大货运航空公司分别是：德国汉莎航空、新加坡航空、大韩航空、法国航空、国泰航空、联邦快递、中国台湾中华航空、日本航空、荷兰航空、长荣航空。

（3）船代公司

船代公司（Shipping Agency）全称是船舶代理有限公司，主要负责船舶业务，办理船舶进出口手续。代表企业有中国外轮代理有限公司、中外运船务代理有限公司等。

（4）国际货代公司

货代公司全称是货运代理公司，是指接受进出口货物收货人、发货人委托，以委托人的名义或以自己的名义为委托人办理国际货物运输及相关业务并收取服务报酬的法人企业。代表企业有：中国外运长航集团有限公司、中远国际货运有限公司、中国物资储运总公司、敦豪全球货运（中国）有限公司、嘉里大通物流有限公司等。

（5）报关公司

报关公司是指经海关准予注册登记，接受进出口货物收发货人的委托，以进出口货物收发货人名义或以自己名义，向海关申办代理报关业务，从事报关服务的境内法人企业。报关公司可分为专业报关企业、代理报关公司和自理报关公司。

（6）集装箱码头公司

集装箱码头是指包括港池、锚地、进港航道、泊位等水域及货运站、堆场、码头前沿、办公生活区域等陆域范围的能够容纳完整的集装箱装卸操作过程的具有明确界限的场所。全球四大集装箱码头公司是新加坡国际港务集团（PSA International）、和记港口（Hutchison Ports）、马士基码头（APM Terminal）和迪拜港口世界（DP World），合计占全球集装箱吞吐量的26%。国内代表企业有天津港集装箱码头有限公司、上海集装箱码头有限公司、广州集装箱码头有限公司等。

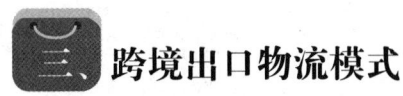

三、跨境出口物流模式

1. 邮政包裹

目前跨境出口物流还是以邮政的发货渠道为主。邮政网络基本覆盖全球，覆盖范围比其他任何物流渠道都要广。这主要得益于万国邮政联盟和卡哈拉邮政组织（KPG）。万国邮政联盟是联合国下设的一个关于国际邮政事务的专门机构，通过一些公约法规来规范国际邮政业务，发展邮政方面的国际合作。

万国邮政联盟由于会员众多，而且会员国之间的邮政系统发展很不平衡，因此，很难促成会员国之间的深度邮政合作。于是在2002年，邮政系统相对发达的国家和地区（中、美、日、澳、韩等）的邮政部门在美国召开了邮政CEO峰会，并成立了卡哈拉邮政组织，后来西班牙和英国也加入了该组织。卡哈拉组织要求所有成员国的投递时限要达到98%的质量标准。如果货物没能在指定日期投递给收件人，那么负责投递的运营商要按货物价格的100%赔付客户。这些严格的要求促使成员国之间深化合作，努力提升服务水平。

例如，从中国发往美国的邮政包裹，一般在15天以内可以到达。据不完全统计，中国出口跨境电商70%的包裹都是通过邮政系统投递的，其中中国邮政占据50%左右，中国香港邮政、新加坡邮政等占据 50% 左右。

1）国际小包

中国邮政包裹分平邮和挂号两种，挂号可以查询轨迹，如比利时小包、荷兰小包、新加坡小包、中国邮政小包、中国香港邮政小包等，适用于货值低（丢件也不可惜）、质量较小、买家对到货时效性要求不高的商品。

特点：成本低；计费方式全球统一，简化运费核算；航空小包清关能力较强；覆盖范围广，能送达全球几乎任何一个国家或地区的客户手中。

时效：亚洲邻国 5～10 天；欧美主要国家 7～15 天，运力紧张时需要更久。

稳定性：时效稳定性属于几种方式中较差的。丢件率一般在 1%～5%，有时可能更高。

计价方式：依据实重，按克计费，不计首重和续重（不同货代的报价不一样，但是不应该差异太大）。

基础要求：质量不超过 2kg。方形：长 + 宽 + 高 ≤ 90cm，单边长度 ≤ 60cm。轴状：长（直径 ×2）≤ 104cm，单边长度 ≤ 90cm。

2）国际 e 邮宝

它是中国邮政为适应跨境电商物品寄递的需要，整合邮政速递物流网络资源，与主要电商平台合作推出的速递产品。目前提供发向美国、澳大利亚、英国、加拿大、法国、俄罗斯的包裹寄递服务。美国、澳大利亚和加拿大 e 邮宝业务提供全程跟踪查询，但不提供收件人签收证明。

时效：7～10 个工作日。快于一般的国际小包，发往美国的可以提供全程时限跟踪查询，但不提供收件人签收证明。

稳定性：较好。

价格：参照中国邮政官网的国际 e 邮宝价格标准。

偏向：发向美国的物品，在价格上国际 e 邮宝比普通国际小包还有优势。在特定国家，综合来看选择国际 e 邮宝比国际小包更好。

3）国际特快专递 EMS

国际特快专递 EMS 是指利用邮政网络的快递运输业务。它清关能力强，能运出关的物品种类多，运费比商业快递低，但速度没有商业快递快，信息查询比较滞后。

时效：5～8 天。

该渠道专门为一些对商业快递比较敏感的货物或敏感区域而准备，如邮寄食品、带电池的产品等，以及去往俄罗斯、巴西、印度等不容易清关的国家。

2. 国际快递

目前，国际快递是指以国际快递三大巨头的快递服务为主的物流运输模式。三大巨头分别是 DHL、FedEx、UPS，原来是四大快递巨头，但 TNT 已经被 FedEx 收购，故只有三大快递巨头。

DHL Express（敦豪速递）是 DHL 集团下的国际快递业务，在中国大陆地区与中外运合资，成立了中外运 - 敦豪国际航空快件有限公司。要和 DHL eCommerce 服务区分开，

DHL eCommerce 是 DHL 集团下的邮政小包模式服务，两者是不同的。

FedEx（联邦快递）是总部位于美国的国际性快递集团。

UPS（联合包裹）也是总部位于美国的国际性快递集团，其快递服务在欧美地区的综合实力很强。

三大快递巨头的优劣势相差不大，如果单纯以航线区分，则美国航线 UPS/FedEx 略强，DHL 略弱一点，毕竟 UPS 和 FedEx 属于美国本土公司，不过服务细节上三家差不多；欧洲航线 DHL、UPS 略强，FedEx 稍弱，但 FedEx 已经收购了 TNT，其后必将整合 TNT 在欧洲的优势资源，以与 DHL 和 UPS 抗衡。

亚太、中东、非洲、南美这些区域，毫无疑问，从时效、网络覆盖到服务细节等方方面面，都是 DHL 比较强。

国际快递的服务模式为门到门的包裹递送服务，适用于 B2C 模式，如 eBay、Wish、速卖通等可以直接将产品发送至买家手上，同时也适用于亚马逊 FBA 头程。当然如果在亚马逊平台运营，可以不使用其 FBA 服务，而使用快递模式安排配送发货。自建直营的电商网站也适用此模式。

国际快递的特点：运输速度快；跟踪信息及时准确、全程化、各平台均认可；运费价格相对较高，性价比好。

综合国际快递的特点，在产品单品售价较高、利润空间较大、体积不大、欲提升买家的购物体验方面，国际快递不失为一个好的选择。而亚马逊 FBA 模式中，在对货物的入仓上架时效要求过于紧急或订单数量不多时，国际快递是必然的选择。同时，由于三大快递公司的历史原因，中国市场上一直存在大量的所谓"代理"公司，提供转手的快递服务，其服务水平参差不齐，但有时价格会低于官方快递。

3. 国内快递

国内快递主要指 EMS、顺丰和"四通一达"。在跨境物流方面，顺丰的国际化业务则要成熟些，目前已经开通到美国、澳大利亚、韩国、日本、新加坡、马来西亚、泰国、越南等国家的快递服务，发往亚洲国家的快件一般在 2～3 天可以送达。

4. 跨境专线物流

跨境专线物流一般是通过航空包舱方式运输到国外，再通过合作公司进行到目的国的配送。跨境专线物流的优势在于其能够集中大批量到某一特定国家或地区的货物，通过规模效应降低成本。因此，其价格一般比商业快递低。在时效上，专线物流稍慢于商业快递，但比邮政包裹快很多。

5. 海外仓储

海外仓储指为卖家在销售目的地进行货物仓储、分拣、包装和配送的一站式控制与管理服务。确切来说，海外仓储应该包括头程运输、仓储管理和本地配送三部分。

① 头程运输：中国商家通过海运、空运、陆运或联运将商品运送至海外仓库。

②仓储管理：中国商家通过物流信息系统，远程操作海外仓储货物，实时管理库存。

③本地配送：海外仓储中心根据订单信息，通过当地邮政或快递将商品配送给客户。

选择这类模式，仓储置于海外，不仅有利于海外市场价格的调配，还能降低物流成本。

拥有自己的海外仓库，能从买家所在国发货，从而缩短订单周期，改善客户体验，提升重复购买率，还可以确保货物安全、准确、及时地到达终端买家手中。

拓展阅读

亚马逊 FBA 模式、自发货模式的优势和劣势

1. 亚马逊 FBA 模式的优势

使用亚马逊 FBA 模式，可将繁杂的物流和后勤工作交给亚马逊，节省大量的人力、物力和财力，全力拓展全球销售业务。

①亚马逊 FBA 模式可以提高排名，从而帮助商家成为高质量卖家，获得更大流量，并且 FBA 模式服务还能够提高买家的信任度，获得买家的关注和收藏。

②选择 FBA 模式，亚马逊发货，卖家需要支付服务费给亚马逊，但是可以享受亚马逊的仓储服务及一流的运送服务。

③当买家在亚马逊平台上购买了卖家的产品时，亚马逊服务人员会根据订单信息为买家挑选货物，包装并发送给买家。

④FBA 模式发货时，亚马逊收取的费用一般是按件计算的；每件收多少费用又与产品的质量、尺寸有关，而且这个物流配送费用在不同时期会有调整；类似于国内的快递，但是卖家还需要承担亚马逊短期或长期的储存费用。

⑤配送时间快，FBA 模式的发货很快，因为亚马逊 FBA 模式的仓库范围很广，所以能够在第一时间发货，但是 FBA 模式并不代办理清关等业务。亚马逊 FBA 模式发货时间快，能使消费者满意度大大提高，还能够促成多次交易。

2. 亚马逊 FBA 模式的劣势

①FBA 模式中只能用英文和客服人员沟通，而且用邮件沟通时回复比第三方海外仓客服慢一些。

②如果前期工作没做好，标签扫描出问题，会影响货物入库，甚至入不了库。

③亚马逊美国站的退货地址只支持美国。

④买家退货门槛低。

⑤FBA 不会为卖家的头程发货提供清关服务。

⑥一般来说费用比国内发货略高。

3. 亚马逊自发货模式的优势

①对比全球四大电商网站，亚马逊在全球购物网站平均客单价中最高，利润自然也高。

②因为不需要囤货，所以自发货风险相对低。

③亚马逊无货源店铺的商品和数量没有限制，而且不需要图片存放空间。

4. 亚马逊自发货模式的劣势

①店铺成长周期要比 FBA 模式长。

②回款周期长，一般需要一个月左右。

四、跨境进口物流模式

1. 海外直邮模式

海外直邮模式是商家或买手通过国际快递公司，如联合包裹（UPS）、联邦快递（FedEx）、TNT 快递、DHL 国际快递及我国邮政系统直接以快递包裹的形式包装并快递出境，之后再由圆通、申通等快递企业转运到买家手中。

通过海外直邮，卖家直接发货，减少了中间环节，运输便捷。通常，C2C 模式的平台卖家会选择直邮模式，因为这些卖家的销售量不是很大，没有建立保税仓的必要。同时，第三方物流公司会实时更新商品运转信息，消费者可以实时跟踪自己的商品运转情况。

然而，海外直邮模式仍存在一些问题：首先，商品的时效性无法得到保证。虽然这种跨境运输方式简单方便易操作，但从海外运输到境内，距离远，且要经过检疫报关等环节，直邮运输要耗费很长时间，极大地降低了消费者的购物体验和满意度；其次，海外直邮模式的快递成本高，这使买家要付出高昂的运费，也使商品失去了价格优势。而为了降低运输成本，很多买家会选择拼邮的方式来运输自己的商品。

2. 保税备货模式

保税备货模式是指跨境电商企业直接将从海外大规模采购的商品运送至自己在保税区建立的跨境物流仓库。当接到买家的网上订单之后，国内物流公司直接从保税仓取货并配送至买家手中。

在保税备货模式下，跨境电商企业应用大数据技术分析消费者的需求，提前采购一批热销海外商品并囤放在保税仓，买家在平台下单后，商家可通过保税仓直接发货，减少了物流配送时间，完全克服了跨境购物等待时间长的问题。相比海外直邮模式，保税备货模式中大批量进口，商品的单位物流成本更低，在缩减物流配送时间的同时降低了物流配送成本。

保税备货模式优势明显，但也存在缺陷。首先，商家应用大数据技术分析产品需求，大规模备货，投入一笔巨大的资金，一旦消费者需求发生显著变化，就会造成商品滞压，带来极大的存货风险。其次，商品备货品类受到限制，备货通常只选择一些热销产品，可能不会满足买家多样性、多层次的需求。保税备货模式最大的缺陷在于，商品的品质受到质疑。由于物流运输多了中间环节，且经过长时间的仓储，买家会怀疑中间流程是否做到了严格监管，商品是否会遭到替换，甚至买家拿到的商品到底是不是从海外运输来的都会受到质疑。

3. 海外直邮模式和保税备货模式的异同点

（1）货品供应

保税备货模式是基于大数据技术分析的，提前将商品运至国内保税仓库。若订单超出预期，则需要临时加运。而由于目前与天猫国际、洋码头等电商合作的国外商户有限，可供货品为10万多种，且主要是一些规模化生产的标品，而一些时尚化、个性化的产品目前供应有限。例如，宁波跨境贸易电子商务进口商品在试点一年后，海关审核备案商品5150种，上架销售商品3543种。而海外直邮模式中是先有订单，再直接从国外发货，货品供应丰富。

（2）运输成本

以当前国内购买需求最旺的母婴产品为例，我们比较一下几种方式下的运输成本。国外知名某品牌的婴儿肩带包被，尺寸为30.2cm×13.5cm×7.9cm，在海外网站的标价为31.99美元，在保税备货模式下，若电商企业先行储备货品到上海自贸区的保税仓库，从纽约到上海20尺柜的运费约950美元（850美元班轮运费+50美元纽约港报关费+50美元文件费），保险费602.5美元。而一个20尺集装箱（590cm×235cm×235cm）可以装下9367件婴儿肩带包被，则每件单品平均分摊的运保费为：（950+602.5）/9367=0.165（美元），以1美元兑7元人民币的汇率计算，每件分摊的运费约为人民币1.15元。

而在海外直邮模式下，婴儿肩带包被（386g），通过国际物流公司以快递方式从纽约寄送到上海，运费起价约为300元人民币。某快递公司从英国发货到国内，小包收费290元，大包400元。针对海外直邮模式运费太贵的问题，亚马逊推出了下调直邮中国运费的活动，每磅仅收取1.99美元，另外加上每单1.99美元的服务费。部分商品如服装和鞋类还支持免运费直邮，具有较强的吸引力。

而在国内某知名海淘网站，同一款婴儿肩带包被寄送到买家手中收取的运费为44元（国际运费36元+国内运费8元）。这种方式下，往往通过转运公司先将货物批量运至中国香港等地，再从香港转送到内地，相比之下运费能便宜不少。

（3）物流时间

在保税备货模式下，货物已经运至国内，从国内保税仓库发货到达买家手中，一般需要1~3天，与一般的国内网站购物的物流配送差不多。

海外直邮模式的最大劣势就在于物流方面，运输时间需9~15天，甚至更长。部分加急的商品可以2~5天到达，不过需要支付较高的运费。

另外，海外直邮模式下订单跟踪比国内难度大。由于跨境进口订单的碎片化，对物流的信息化、清关、运输速度等都提出了较高的要求。要使买家能够直观地跟踪订单的物流信息，这在国内物流部分问题不大，大多数物流公司都已经实现了在线物流信息的实时跟踪，但国际部分就需要国与国之间形成国际统一的物流信息共享渠道，方便信息的对接与传递。

（4）清关查验

在保税备货模式下，商品统一发至保税仓库。例如宁波海关就推出了"入区检疫、区内监管、出区核查"的监管模式，方便商品的监管和放行。

由于商品是在国外打包发货的，而且海外直邮进口带来的是大量碎片化的订单，很难统一查验，查验要求更高。相比之下，保税备货是在国内保税仓库打包的，查验起来更容易。

（5）海关进口税

以上述婴儿肩带包被为例，如果按一般贸易货物申报，则关税税率远高于行邮税税率。

保税备货商品进入保税区，海关总署允许"保税进，行邮出"，这就极大地减轻了电商企业的税收负担。海外直邮进口商品可以从试点城市的跨境电商绿色通道验放，按照个人物品增收行邮税，在税额不超过50元时免税。不过个人物品以自用为限，物品金额不得超过1000元（港澳台为800元），如果物品金额超过1000元，则将被退运或改走货物流程申报纳税。

（6）退换货服务

在保税备货模式下，退换货非常方便，只需发至国内保税仓库更换即可，一般快递费为十几元。而海外直邮模式下的退换货相比之下要麻烦一些。例如，对于直邮中国的英国亚马逊，亚马逊自营的商品退换货相对比较便利，退货费用为4英镑；如果是第三方供货商的商品，则需要更长的时间和更高的费用。而且国外的网站一般客服人员很少，联系上之后需要写英文的退货申请，退货速度一般比较慢，动辄一两个月，而且退回欧美时需要的快递费用为50～60元，是国内的5～10倍。

 拓展阅读

保 税 制 度

保税制度是一种国际通行的海关制度，是指经海关批准的境内企业所进口的货物，在海关监管下在境内指定的场所储存、加工、装配，并暂缓缴纳各种进口税费的一种海关监管业务制度。

保税的主要形式：一是为国际商品贸易服务的保税仓库、保税区、寄售代销和免税品商店；二是为加工制造服务的进来料加工、保税工厂、保税集团。

保税区亦称保税仓库区。这是一国海关设置的或经海关批准注册、受海关监督和管理的可以较长时间存储商品的区域。保税区能便利转口贸易，增加有关的收入。运入保税区的货物可以进行储存、改装、分类、混合、展览，以及加工制造，但必须处于海关监管范围内。外国商品存入保税区，不必缴纳进口关税，尚可自由出口，只需缴纳存储费和少量

费用，但如果要进入关境则需缴纳关税。各国的保税区都有不同的时间规定，逾期货物未办理有关手续，海关有权对其拍卖，拍卖后扣除有关费用后，余款退回货主。根据《保税区海关监管办法》，"保税区"是指海关监管的特定区域。海关对进出保税区的货物、运输工具、个人携带物品等实施监管。

保税区是中国继经济特区、经济技术开发区、国家高新技术产业开发区之后，经国务院批准设立的新的经济性区域。由于保税区按照国际惯例运作，实行比其他开放地区更为灵活优惠的政策，它已成为中国与国际市场接轨的"桥头堡"。因此，保税区在发展建设伊始就成为国内外客商密切关注的焦点。

保税区具有进出口加工、国际贸易、保税仓储商品展示等功能，享有"免证、免税、保税"政策，实行"境内关外"运作方式，是中国对外开放程度最高、运作机制最便捷、政策最优惠的经济区域之一。

五、跨境电商物流方案选择

选择跨境电商物流方案时，需要遵从以下几个原则。

1. 买家原则

卖家在寄运货物选择物流方式时，应做到全面考虑，其中包括运费、安全度、运送速度、是否有关税等，可根据买家对物流的要求选择相应的物流方式。

2. 成本原则

卖家在满足买家物品安全度和速度的情况下，可选择运费较低的物流方式，从而降低省物流成本。

3. 安全原则

国际物流运输，对外包装没有过高的要求，最重要的是如何安全、完好地将产品送达收件方手中。可根据货物的属性、形状等选择匹配的物流方式。

4. 时效原则

物流运输的期限必须与交货日期相联系，要保证运输时限，若是货物，电商平台、买家等对物流时效有明显要求，就要选时效快的物流方式。

跨境电商卖家可遵循以上原则来选择最适合的物流方式。选择国际物流渠道时，首先要保证客户货物安全、快捷地发出；其次要根据卖家的物流需求选择合适的物流渠道，帮助卖家减小物流风险和最大限度地降低物流成本。

走进职场

岗位名称：跨境电商物流专员。

薪资待遇：4500～6000元/月。

工作地点：上海。

岗位职责：

（1）负责与供应商日常联系，跟进交货期，跟进产品质量状况。

（2）负责船务订舱，单证制作，货物进仓安排。

（3）协调仓库管理，商品质量管控。

（4）负责尾程订单制作。

任职资格：

（1）大专或以上学历。

（2）英语四级。

（3）热爱网络销售，有志于投身跨境电商行业。

（4）可考虑应届毕业生，电子商务专业、外贸英语专业优先。

（5）具备良好的领悟能力和学习能力，有优秀的心理素质和抗压能力，性格开朗，具有团队合作精神。

跨境电商物流专员典型职业活动和职业能力分析表，如表4-3所示。

表4-3 跨境电商物流专员典型职业活动和职业能力分析表

典型职业活动	国际物流供应链管理
工作任务	物流方案设计、物流模板设计、国内直发、海外仓发货
职业能力要求	根据企业的需求，借助各平台工具、规则制定出符合企业需求的物流方案
	根据企业的要求，充分评估风险和利润率，制作有竞争力的报价模板
	根据不同平台的规则要求和企业本身的实际情况，完成符合条件的物流方案选择
	能够帮助客户盘点货物库存、核算海外仓成本，了解国外贸易政策，达成用户体验度的目标

 业务操作

任务一　了解知名跨境电商物流服务商概况

工作任务：

了解国际快递公司发展概况。

实例解析：

1. 美国联邦快递 FedEx

联邦快递是联邦快递集团快递运输的中坚力量，在国际快递行业中久负盛名。联邦快递集团为全球范围内的客户提供运输、电子商务和商业运作等一系列的全面服务，其中快递运输是联邦快递的优势项目。

作为全球最具规模的快递公司，它为 220 多个国家和地区提供快捷便利的快递服务。而且，联邦快递设有环球航空和陆运网络，所以只需要一两个工作日就可以将货物准确、安全地送达，这也是客户信任它的原因之一。不仅如此，联邦快递还在全球拥有 138000 名员工、42969 个投递点、643 架飞机和 43000 辆运输车。

2. 德国敦豪国际公司 DHL

DHL 是全球知名的邮递和物流集团 Deutsche Post DHL 旗下的公司。DHL 的业务几乎遍布全球，是全球国际化程度最高的公司，它提供专业的运输、物流服务，是全球最大的物流网络之一，在五大洲拥有将近 34 个销售办事处及 44 个邮件处理中心。它的优势主要是速度快、轨道齐全、安全可靠，在美国、西欧有着极强的清关能力。它的这些优势都是客户最需要的。不仅如此，DHL 在快递、空运、海运、陆运、合同物流解决方案及国际邮递等领域都能提供专业性的服务。所以，DHL 是名副其实的欧洲巨头快递公司。除此之外，DHL 对全球客户的分区也是相当明确的，这样就可以做到服务的精准和安全，这也是 DHL 的优势之一。

3. UPS 快递公司

UPS 快递公司成立于 1970 年，最初是作为一家信使公司运行的。经过几十年的发展，如今已经成为全球最大的快递承运商与包裹递运公司，同时也是专业的运输、物流、资本与电子商务服务的领导性的提供者。2017 年 6 月，《2017 年 BrandZ 最具价值全球品牌 100 强》公布，UPS 快递排名在第 16 位。下面通过一组数据来了解一下：UPS 快递公司每年的年递运量达到 39 亿件包裹及文件，每日递运量达到 1550 万件包裹及文件，每日国际递运量达到 200 万件包裹及文件，服务的区域涵盖世界范围内 200 多个国家和地区。在运输方面，UPS 拥有 88000 辆包裹运输车，还有自己的喷气式飞机队（269 架飞机），同时还是世界上第 9 大航空公司。在美国的快递行业中，UPS 是最早的一家，它的创始人就是靠着一辆汽车把企业做到如今这个地步。可以说，UPS 的发展离不开它的创新意识。随着 IT 技术的发展，IT 技术对于快递行业也越来越重要，UPS 也一直重视 IT 技术的投入，如今，它的查询网络已经覆盖 104 个国家，每个工作日都可以接收到 185 万次的在线查询，从而提高了对供应链的管理和服务效率。2001 年 5 月，UPS 宣布与中国著名的电子商务企业"阿里巴巴"合作，与其旗下的"全球速卖通"结成战略联盟。"全球速卖通"的买家和卖家可以享受到在线管理货运和在线追踪所带来的好处，极大地改善了客户的体验，促进了中国电子商务的发展。2008 年，UPS 还成为北京奥运会的物流与快递赞助商。UPS 以其绝对优势成功收购了国际物流"四大巨头"之一的 TNT 快递公司。

4. TNT 快递公司

TNT 快递公司（Thomas National Transport）总部设在荷兰的阿姆斯特丹。TNT 快递公司主要为客户提供邮运、快递和物流服务，也是世界顶级的快递与物流公司。曾在

2001年至2003年，连续三年被美国《财富》杂志评为全球最受推崇的货运及快递企业。但是随着企业经营不善，也曾连续四年盈利下降，无法支撑业务，最终被UPS快递公司收购。相比于前两个物流快递公司，TNT在各个方面都不占明显优势。

UPS和TNT在2012年3月19日发布联合公告称，美国联合包裹服务公司以51.6亿欧元现金收购欧洲第二大快递物流公司TNT，收购价格为每股9.5欧元。当然，TNT被收购也是正常现象，从TNT被收购前两年的财务报表来看，业绩下滑是不争的事实。数据显示，公司2010年第四季度亏损6200万美元，2011年前9个月亏损达9700万欧元。最初TNT一直持拒绝态度，毕竟是"四大巨头"之一，但随着业绩的不断下滑，最终也只能妥协。UPS和TNT合体之后彻底改变了全球物流格局，由原先的"四大巨头"变成了如今的"三足鼎立"。并购后有望超过联邦快递和DHL，成为第一大国际物流公司。UPS的董事长兼首席执行官斯科特·戴维斯表示，并购之后，UPS和TNT将显著提高满足复杂客户全球物流需求的能力，整合之后的业务遍布全球，将会促进业务增长和全球化进程。

操作步骤
（1）对比四大快递公司的业务状况。
（2）了解四大快递公司的优势。
（3）对比国内快递与国际快递的异同。

任务二　跨境电商物流方案调研

工作任务：

调研阿里巴巴速卖通平台，列出不同类目的5款产品的品名、重量、尺寸、物流费用、预计运达时间和物流方式，完成表4-4。

表4-4　5款产品物流方案

品名	重量	尺寸	物流费用	预计运达时间	物流方式

项目小结

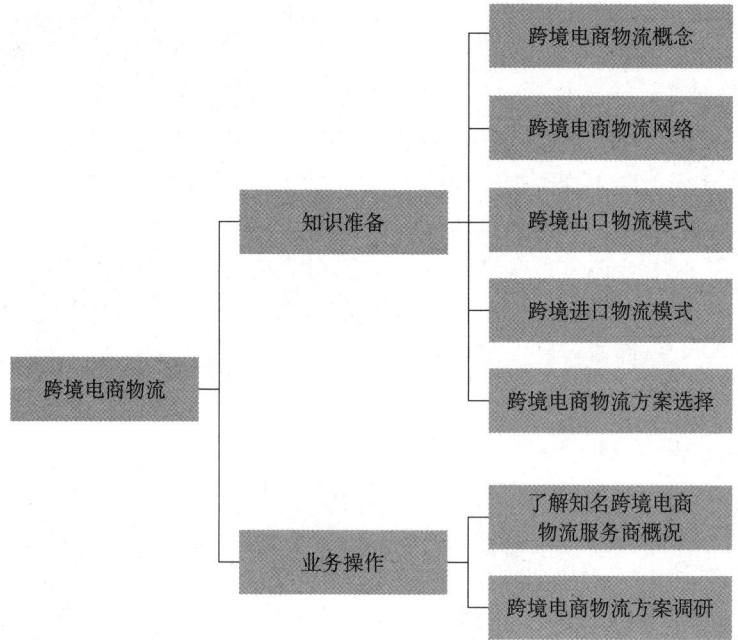

 ## 课后思考题

（1）当前跨境电商物流行业存在哪些问题？
（2）阐述跨境电商物流发展趋势。
（3）列举跨境电商物流服务商。

项目五

跨境电商商品呈现

学习目标

知识目标

- 了解跨境电商平台搜索排序原理
- 掌握跨境电商平台商品呈现的主要途径
- 了解跨境电商商品详情页的基本框架

能力目标

- 能够正确制作并填写跨境电商商品标题、属性
- 掌握商品详情页制作要点

典型工作任务

任务一 发布产品
任务二 搜索排序规则分析

导入案例

怎样提升 Google 搜索排名

一直以来,很多 SEO 人员都在研究搜索引擎的算法,然而算法不断升级,影响排名的因素权重也不同,究竟有哪些关键因素在影响排名的升降呢?

一、网站内容

内容很重要,应该不需要多加讲述,不过这里想要强调的是,有别于单纯依赖关键词做搜索引擎的演算方法，Google已经更加倾向于搜索与该主题相关的内容，通过语义分析的方式找到使用者最需要的信息。

研究结果显示，在前20名的搜寻结果中，只有53%的网站在标题中使用了关键词，而在H1的标题中输入关键词的网站低于40%。这样的结果显示，Google已经不再只专注于个别的关键词，而是根据网站内容的相关性为用户做搜索。

什么叫作"相关性"的内容？简单来讲，它是与关键词相关的全方位、全面性的内容。比如，当你在Google搜索SEO时，出现的结果优先是广告、名词解释，因为Google判断用户在搜索SEO时最想获得的答案是什么：

什么是SEO？

SEO要怎么做？

SEO可不可以自学？

有没有发现，Google在第一页的搜索结果中把SEO是什么、关于SEO的知识和广告全都展示出来，无论你搜索这个关键词的目的是什么，搜索结果在第1页中全都列出来，你不需要再翻到第2页、第3页。大家做网站都希望自己的页面出现在搜索结果的首页，因为就算在第2页的第1名，也和在第99页的最后一名没有太大的差别。

Google演算方法的改变强化了语义分析功能，如果一个很晦涩的主题能够用平实而简单的文字说明，与强塞各种关键词及相关关键词密度很高的内容相比，其搜索结果的Google排名更靠前。

1. 内容较丰富的网站排名更靠前

内容丰富，能够顾及的方面就比较多，Google更喜欢篇幅较长的文字，它可能认为，篇幅较长的文章可以将主题讲得更详细一些。如果文章注入太多的水分，相信大部分情况下Google还是可以分辨出来的。前10名的网站，其内容的多寡和它在搜索引擎中的排名有直接相关，平均而言，排第一名的网站内容大概有2450个字，排第十名的网站则有2000字。

还有一点就是，篇幅较长的文章可以囊括的其他相关关键词也多，也就是说，可以提供更多的内链，但这并不是说要去堆砌内容，而是为造访你网站的使用者提供他们想要的信息。

2. 网站内容的更新

定期更新文章也比较容易提升网站的排名，Google会根据使用者的搜索内容判断并筛选是需要提供最新的内容，为使用者找到他们需要的最佳解答。

3. 图片、描述的优化

虽然Google表明描述对算法的影响并不大，但是若能更精确地将网站的内容提供给搜索的用户，那么也比较容易吸引用户的目光。

二、链接

链接分为内链和外链，链接一直是影响Google排名的重要因素，除了网站内部的相互连通，网站向外拓展的链接及其他网站链回你的网站的链接，都会影响你的Google排名。

不过，现在已经不是随便发外链就可以提升排名的时代，因为Google会在链接中找出不良链接，只有越多的权威性网站回链到你的网站，才会让你有更好的搜索排名。

在前期，你可以尝试找其他拥有相关主题的权威性网站，找到他们主题内容的缺口，提供更为完整的内容，并且大力推广与分享。

三、移动设备优化

Google 在 2016 年加重了网站在移动设备中表现的算法，前 100 名知名网站的主机都在移动设备上做优化。现在人们使用手机等移动设备的频率比台式机、笔记本电脑的频率要高，因此目前已经有约 80% 以上的网站具有响应式网页设计，而未来你在组织网站内容的时候，势必要以移动装置为优先选择，如果你正在设计移动版本，应在完全设定好之后再启用，不然很有可能因此影响 Google 排名。主要的优化方向在于访问速度，根据研究调查显示，弱网页加载时间超过 3 秒，就会流失 40% 的访问者，多等待 1 秒，还会减少 11% 的浏览率，让用户的满意度下降 16%，更会失去 7% 的转化率。

四、网站的安全性

Google 在 2014 年证实，有 HTTPS 加密的网站，比起只要 HTTP 的网站，会有更好的排名，毕竟 Google 不会把存在危险的网站列给用户。此外，网站所使用的主机、域名注册时间、过去使用历史也都和 Google 排名有关，因为 Google 希望能够提供良好的用户体验，所以在架设网站时也尽量与比较大的平台合作，避免用户在访问网站时出现危险警告。

五、标题

H1、H2、H3 是除网页内容的主要标题之外，让 Google 判断网站内容的重要元素，为了能够让用户快速了解你的网站，使用 H1、H2、H3 作为标题也是很重要的事情。

对于 Google，它们其实就像是内文中的隐藏关键词一样，Google 算法将会更聪明地进行语义分析，因此 H1、H2、H3 标题也可以使用长尾关键词，让 Google 认为次要标题与用户想要搜索的问题答案是息息相关的。

SEO 是个长期、持续累积的过程，虽然 Google 算法一直在改变，但最重要的核心是不会改变的：为用户提供优质的内容。

知识准备

一、跨境电商平台搜索排序基本原理

搜索引擎是指根据一定的策略、运用特定的计算机程序从互联网上搜集信息，在对信息进行组织处理之后，将与用户检索相关的信息展示给用户的系统。搜索引擎包括全文搜索引擎、目录搜索引擎、锤石搜索引擎、集合式搜索引擎、门户搜索引擎与免费链接列表等。

搜索引擎优化（SEO）是跨境电商卖家的必备技能，很多卖家都投入了大量精力去研究 SEO 技术，以获得自然流量这块大蛋糕。谈到搜索引擎，就不得不提谷歌、百度等常规的搜索引擎。常规搜索引擎和电商搜索引擎在搜索排序上的不同在于：常规搜索引擎以用户体验为衡量搜索结果质量的指标，电商搜索引擎则以用户的购物体验为衡量搜索结果质量的指标。

1. 速卖通搜索排序原理

速卖通搜索的整体目标是帮助买家快速找到想要的商品，并且能够有比较好的采购交易体验。搜索排名的目标就是要将最好的商品、服务能力最好的卖家优先推荐给买家。影响卖家搜索排名的因素很多，简单来说概括为以下五大类。

（1）**商品的信息描述质量**

第一，如实填写商品信息是最基本的要求。商品信息描述一定要真实、准确，以帮助买家快速地做出购买决策。由虚假描述引起的纠纷会严重影响排名情况，甚至受到平台的处罚。

第二，商品描述信息尽量准确完整。例如，商品的标题、发布类目、属性、图片、详细描述对于买家快速做出购买决策来说都非常重要，务必准确、详细地填写。

标题是搜索中非常关键的因素。卖家务必在标题中描述清楚商品的名称、型号及一些关键的特征和特性，使买家一看就清楚地知道商品是什么，从而吸引买家进入详情页进一步查看。

发布类目的选择一定要准确。切忌将商品放到不相关的类目下，否则不但买家搜到的概率比较小，而且情况严重的还会受到平台的处罚。

商品的属性填写一定要尽量完整和准确，这些属性将帮助买家快速地判断商品是不是自己想要的。

商品的主图是不可或缺的部分，买家更喜欢实物拍摄的高质量、多角度的图片，因为这些能够帮助他们清楚地了解商品，从而做出购买决策。

详细描述的信息一定要真实、准确，最好能够图文并茂地向买家介绍商品的功能、特点、质量、优势，帮助买家快速地理解。商品图片采用实物拍摄，美观、整洁、大方的页面排版设计会吸引买家的眼球，提升商品成交的机会。

第三，配以高质量的图片展示。速卖通提倡卖家对自己所销售的商品进行实物拍摄。在进行展示的时候，能够进行多角度、重点细节的展示，图片清晰美观，这些将有利于买家快速了解商品，做出购买决策。禁止盗用其他卖家的图片，因为这样做不但会让买家怀疑店铺的诚信，并且会受到平台严厉的处罚。如果店铺图片被其他卖家盗用，可直接联系平台进行投诉。

（2）**商品与买家搜索需求的相关性**

相关性是搜索引擎技术里面一套非常复杂的算法，简单地说就是根据买家输入的关键词与类目浏览，判断商品与买家实际需求的相关程度，相关性越高的商品，排名越靠前。速卖通在判断相关性的时候，最主要的考虑因素是商品的标题，其次是发布类目的选择、商品属性的填写及商品的详细描述内容。以下几点建议有助于获取更多的商品曝光机会：

第一，标题的描写是重中之重，真实准确地概括描述商品，符合海外买家的语法习惯，没有错别字及语法错误。不要千篇一律地描述，买家也有审美疲劳。

第二，标题中切记避免关键词堆砌，如"MP3、MP3 player、music MP3 player"这样的关键词堆砌不能帮助提升排名，反而会被搜索降权处罚。

第三，标题中切记避免虚假描述，如卖家销售的商品是MP3，但为了获取更多的曝光，在标题中填写类似"MP4、MP5"字样的描述，速卖通可以监测此类作弊。虚假描述也会影响商品的转化情况，得不偿失。

第四，商品发布类目的选择一定要准确，正确的类目选择有助于买家通过类目浏览或类目筛选快速定位到商品，错误地放置类目会影响曝光机会并且可能受到平台的处罚。

第五，商品属性的填写应完整准确，真实准确的详细描述有助于买家通过关键词搜索、属性的筛选快速定位到商品。

（3）商品的交易转化能力

速卖通看重商品的交易转化能力，符合海外买家需求，价格、运费设置合理且售后服务有保障的商品才是买家想要的。平台会综合观察一个商品曝光的次数及最终促成了多少次成交，并据此来衡量一个商品的交易转化能力，转化高代表买家需求高，有市场竞争优势，从而排序靠前；转化低的商品排序靠后甚至没有曝光的机会，逐步被市场淘汰。一个商品累积的成交和好评，有助于帮助买家快速地做出购买决策，排序也会靠前。如果一个商品的买家评价不好，会严重地影响商品的排名。

（4）卖家的服务能力

除商品本身的质量外，卖家的服务能力也是影响买家采购体验最直接的因素，在搜索排名方面，速卖通非常看重卖家的服务能力，能提供优质服务的卖家排名将靠前，服务能力差、买家投诉多的卖家会受到排名严重靠后甚至不参与排名的处罚，同时也可能会受到平台的相关处罚。速卖通会重点观察卖家在以下几个方面的服务表现。

第一，卖家的服务响应能力，包含在阿里旺旺（TradeManager）及Contact Now邮件上的响应能力，合理地保持旺旺在线、及时地答复买家的询问将有助于提升卖家在服务响应能力上的评分。

第二，订单的执行情况。卖家发布商品信息，进行销售，承诺了发货时间，就应该兑现承诺。买家付款后，速卖通期望卖家能够及时发货。无货空挂、拍而不卖的行为将对买家的体验造成严重的影响，也会严重地影响卖家所有商品的排名情况。对于情节严重的卖家，其所有商品将不参与排序，当然，在这过程中速卖通会排除非卖家责任的订单取消的情况。此外，如果为了规避拍而不卖而进行虚假发货（视为欺诈行为），卖家将受到更加严厉的处罚。

第三，订单的纠纷、退款情况。卖家在发布商品信息进行销售时，应该如实描述，向买家真实准确地介绍商品，保证商品的质量，避免买家收到货以后产生纠纷、退款的情况。如遇到买家不满意，应该提前积极主动地与买家沟通、协商，避免纠纷的产生，特别是要避免纠纷上升到需要平台介入进行处理的情况。速卖通对纠纷少的卖家会进行鼓励，对纠纷多的卖家进行处罚，包括搜索排名严重靠后甚至不能参与排名的处罚，当然，速卖通也会排除非卖家责任引起的纠纷、退款情况。

第四，卖家的好评率。卖家的好评率直接代表着交易结束后买家对商品、卖家服务能力的评价，是买家满意与否的最直接的体现，卖家应珍视自己的买家评价情况。速卖通会优先推荐好评率高的商品和卖家，给予其更多曝光机会和推广资源；对于好评率低的卖家，将进行排名靠后处理甚至不允许其参与排名。

在订单的执行、纠纷退款、好评率等几个维度上，速卖通会同时观察单个商品和卖家整体的表现情况，个别商品表现差将影响个别商品的排名，卖家整体表现差将影响该卖家销售的所有商品的排名。

（5）搜索作弊的情况

对于搜索作弊的行为，速卖通会进行日常的监控和处理，及时清理作弊的商品，处理手段包含商品的排名靠后、商品不参与排名或隐藏该商品，对于作弊行为严重或屡犯的卖家，会将店铺一段时间内的整体排名移后或不允许其参与排名。情节特别严重者，甚至会关闭账号，进行清退。

2. 其他跨境电商平台的搜索排序原理

（1）亚马逊 A9 算法

亚马逊是利用 A9 的产品搜索排序功能为站内的关键词搜索提供排序算法服务的。说得更通俗一点就是，亚马逊站内搜索的产品排序是由 A9 算法决定的。A9 算法能从亚马逊庞大的产品类目中挑选出最相关的产品，根据相关性排序（A9 会把挑选出来的产品进行评分）展示给客户，确保客户能最快、最精确地搜索到想要购买的产品。

由 A9 算法决定的产品搜索排序对 Amazon 站内营销的影响是十分巨大的。原因有二：第一，在亚马逊平台，站内搜索流量将近占掉最后着陆到产品详情页流量的一半；第二，站内搜索流量是目前亚马逊站内平均转化率最高的流量。换句话说，搜索流量又多质量又好，所以是每个亚马逊商家必争的流量渠道。

一般来说，标题（Title）、短描述（Bullet Points）、长描述（Product Description）、所属分类、搜索关键词（Search Terms）、链接结构（URL）、定价、多属性变体、图片质量与数量、Answered&Questions、Review、销售排名、停留时间、跳出率、库存状态、订单缺陷率（Order Defect Rate）都会影响搜索排名。

实际上，像 A9 这么复杂的算法是绝对不会单独考虑某一个主要因素的，一般会把所有的因素加权计算，主要因素占的权重高一些。转化率、销量、关键词匹配度和 Review 数量等是主要因素，起决定作用。

（2）eBay 相关性搜索排名

eBay 搜索的整体目标是帮助买家快速找到想要的商品并且能够有比较好的采购交易体验，而搜索排名的目标就是将最好的商品、服务能力最好的卖家优先推荐给买家。所以能带给买家最好的采购体验的卖家，其商品的排序就会靠前。

相关性是搜索引擎技术中一套非常复杂的算法，简单地说就是判断卖家的商品在买家输入关键词搜索与浏览类目时与买家实际需求的相关程度。相关度越高的商品，排名越靠前。相关性五重匹配包括类目、属性、标题、关键词、详情页描述，可以称为五码合一，其中标题和关键词最重要。

相关性可以简单理解为，如果A产品的类目、属性、标题、关键词、详情页描述都出现了B关键词，那么当买家搜索B关键词的时候，A产品的相关性得分就是最高的，所以通过优化我们可以让产品的相关性得分达到满分。但是注意这个相关性得分是针对某个关键词的。也就是说，当我们讨论相关性得分的时候，我们讨论的是这个产品在某个关键词下的相关性。

一般情况下，商业得分比相关性得分要重要，这并不是说我们可以不努力优化相关性，相关性得分是基础，没有相关性得分，商业得分再高也没用。但是在相关性得分差距不大的基础上，商业得分的影响更大。在商业得分中，转化率是重中之重，转化率对于电商来说可能是最重要的数据。

（3）Wish弱化搜索功能，强化个性化推送

区别于其他平台，基于移动端的App的一个最大特点就是千人千面、瀑布流、精准推送。Wish弱化了搜索功能，强化个性化推送，每个人在Wish平台上看到的产品都是不一样的，这可以给买家提供非常愉悦的购物体验。

平台会根据用户的兴趣特征、社会属性、自然属性，给每个用户赋予不同的标签，结合用户的需求标签及产品标签进行匹配。

兴趣特征是指每个人的兴趣点、爱好及心理特征。社会属性是指用户的受教育程度、人生阶段及职业身份等。自然属性包括性别、年龄及星座等。通过这三大维度给每个用户赋予不同的标签。

因为Wish能够通过Facebook账号直接登录，也可以通过谷歌邮箱账号直接登录，所以平台会记录Facebook、谷歌用户平时的习惯、个人爱好等信息，Wish平台会对这些用户进行详细的分类。因此，推送商品的时候要求：

第一，要符合Wish消费群体需求；

第二，编辑商品信息时，标签要考虑到哪些用户的需求与商品匹配速卖通搜索排名规则。

 跨境电商商品呈现（以速卖通为例）

1. 登录

打开速卖通账户登录界面，如图5-1所示。登录之后进入后台的管理界面，如图5-2所示。在这里可以看到速卖通的相关页面，显示语言是中文，更加方便我们进行操作，当然也可以根据自己的需要选择其他语言。

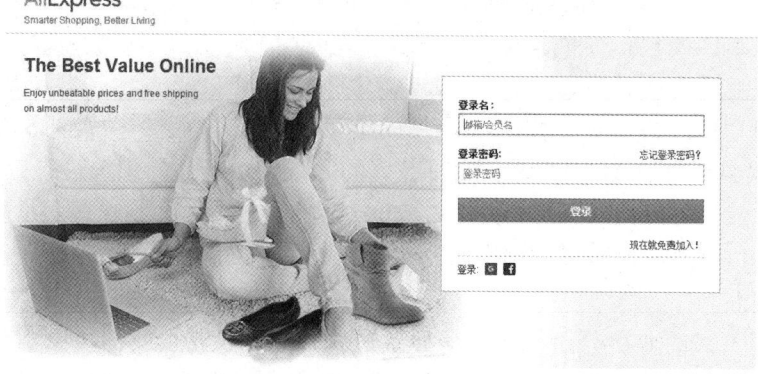

图 5-1　速卖通账户登录界面

图 5-2　后台管理界面

2. 进入产品发布界面

后台管理界面左边的"快速入口"下面有个"发布产品"链接，单击"发布产品"，如图 5-3 所示，或者单击"产品管理"再选择"发布产品"命令，如图 5-4 所示。

图 5-3　发布产品快速入口

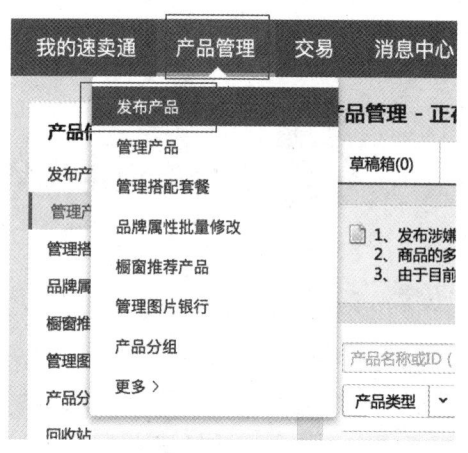

图 5-4　产品发布入口

3. 选择类目

打开发布产品的页面后，为要发布的产品选择类目，如图5-5所示，然后根据类目提示进行操作，如选择"家装（硬装）"→"卫浴设施"→"卫浴五金件"→"纸巾架"，选好类目后，单击下方的"我已阅读以下规则，现在发布产品"按钮，进入商品详情页。请注意一定要根据产品所属的实际类目进行选择，方便买家更加快速地找到产品。自2016年4月初起，速卖通不再接受非企业身份的商家入驻；2016年下半年之后，商家必须有品牌才可以入驻。而在企业申请入驻速卖通时就已经根据经营范围进行限定，所以图5-5中的阴影部分是无权发布的类目，黑体字是当前有权限发布的产品类目。如果需要开发新的类目，必须再次申请。

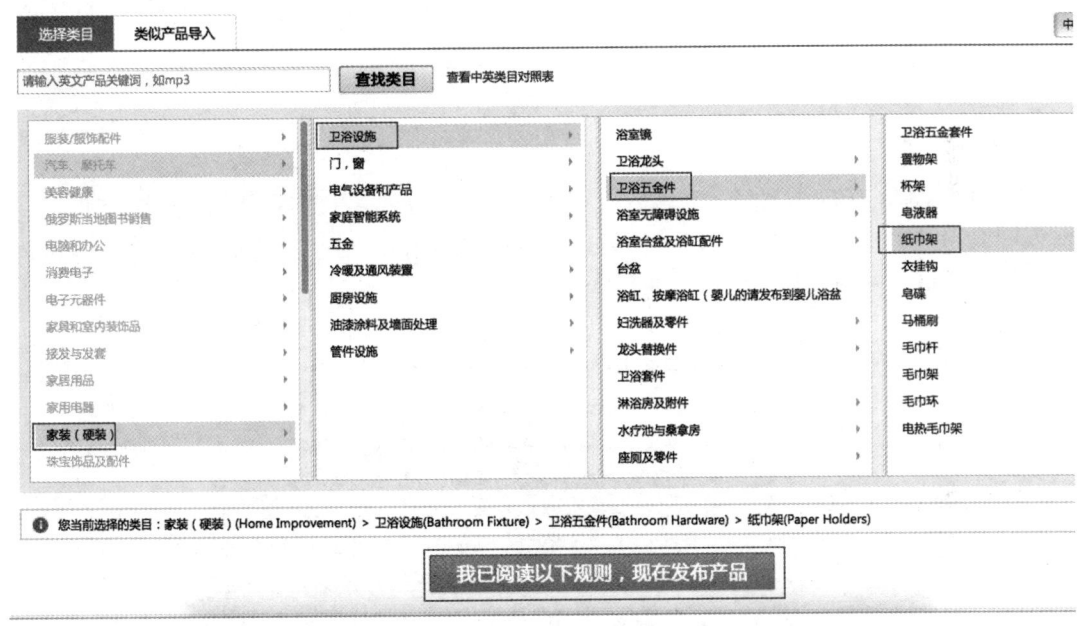

图 5-5　选择类目

4. 填写产品基本属性

产品属性的填写包含两个方面：系统定义的产品属性和自定义产品属性。系统定义的产品属性是买家选择商品的重要依据，要详细、准确地填写，以提高商品曝光机会。而自定义产品属性可以补充系统属性以外的信息，让买家对产品了解得更加全面。

（1）产品属性

从2017年1月3日开始，除"部分类目"外，新发布产品必须选择产品所对应的品牌。若不选择品牌或选择"None（无品牌）"，则产品将发布不成功，如图5-6所示。如果发布的产品品牌在下拉列表中没有或不能搜索出来，则需要先添加商标，然后申请商标资质。如果要申请自己的商标，则需要进行在线商标申请。一定要正确选择品牌和型号名称，产品品牌或型号错选将会被反作弊系统判定为问题产品而受到相应的处罚。

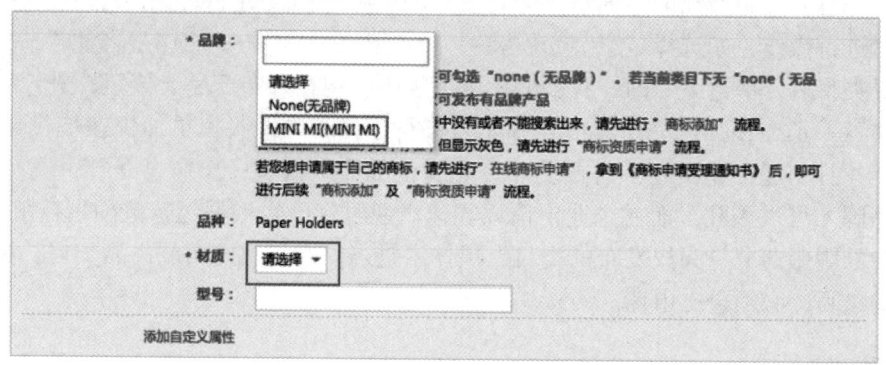

图 5-6 品牌与材质

（2）材质

在图 5-6 所示界面中选择了品牌后，在"材质"下拉列表中选择相应的材质，如图 5-7 所示。"材质"下拉列表中如果没有所要选择的内容，请在选择"Other"后，在文本框内输入正确信息。其他项目根据产品的具体情况进行填写。

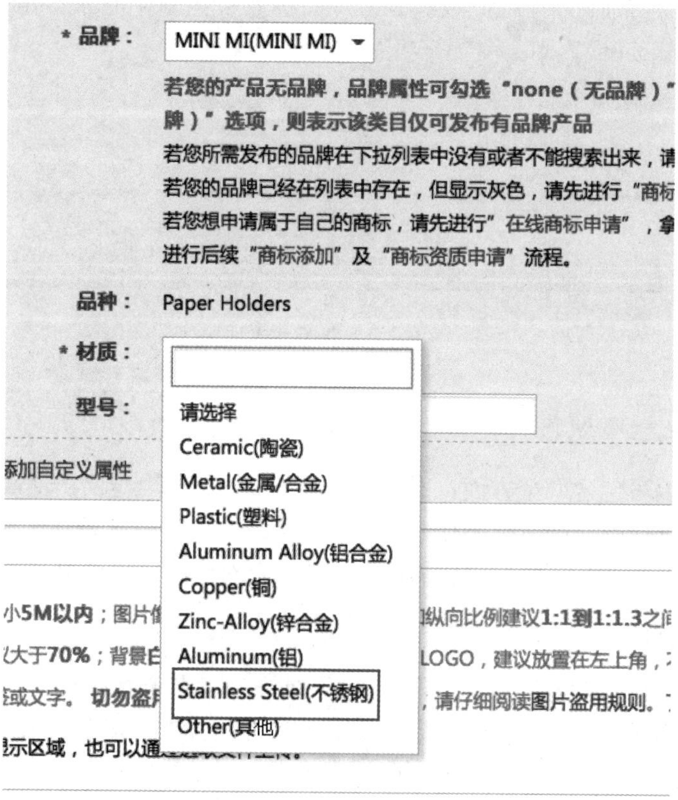

图 5-7 材质

（3）产品标题

产品标题是使买家搜索到您并吸引买家进入产品详情页面的重要因素，以之前选择的纸巾架为例，可以填写"Stainless Steel 304 Modern Style Wall Mounted Stickers Kitchen Bathroom Toilet Paper Holder Roll Holder"，如图5-8所示。字数不应太多，要尽量准确、完整、简洁，利于买家搜索。一个好的标题中可以包含产品的名称、关键词和重要属性。

*产品标题　Stainless Steel 304 Modern Style Wall Mounted Stickers Kitchen Bathroom Toilet Paper Holder I　您还可以输入25个字符

图5-8　产品标题

例1：Baby Girl amice blouse Pink amice Coat With Black Lace /Suit Must Have Age Baby:1-6Month Sample Support。

建议不要出现"free shipping"字样，因为这对搜索曝光没有帮助。而且，若填写"free shipping"字样，但未能履行，则会受到相应的处罚。

一般可为：销售方式+产品材质/特点+商品名称，还可包含商品的其他信息，如品牌、状态、颜色、类型等。

例2：(12 pieces/lot) 100% cotton men's underwear。

需要注意的是，不要在标题中罗列、堆砌相同意思的词，否则会被判定为标题堆砌，受到搜索排名靠后的处罚。例如，某产品标题设为 cell phone, mobile phone, mobile telephone, oem cell phone，则会受到排名靠后的处罚。

（4）产品图片

商家可以通过"从我的电脑选择"或"从图片银行选择"来添加产品图片，如图5-9所示。在选择产品图片时，可以选择发布多图产品。多图产品的图片能够全方位、多角度地展示产品，大大提高买家对产品的兴趣。建议上传不同角度的产品图片。多图产品最多可以展示6张图片。图片格式为JPEG，文件大小在5MB以内；图片像素建议大于800像素×800像素；横向和纵向比例建议为1∶1～1∶1.3，图片中产品主体占比建议大于70%；背景为白色或纯色，风格统一；如果有Logo，建议放置在图片的左上角，且不宜过大。另外，不建议自行添加促销标签或文字。特别需要注意的是，切勿盗用他人图片，以免受到平台的处罚。

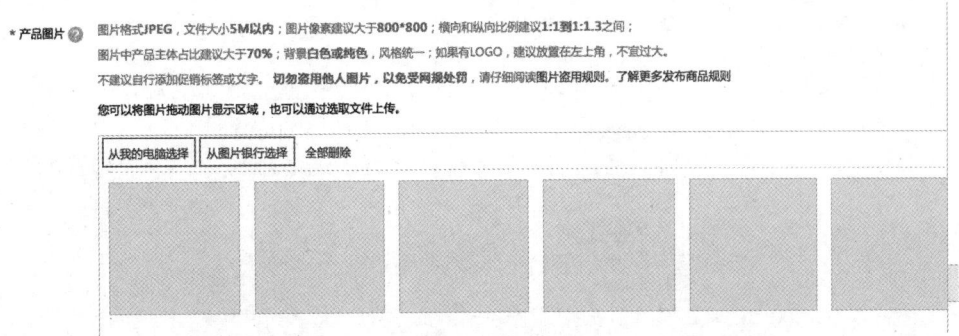

图5-9　添加产品图片

(5)最小计量单位

根据产品实际情况选择最小计量单位,如图 5-10 所示。

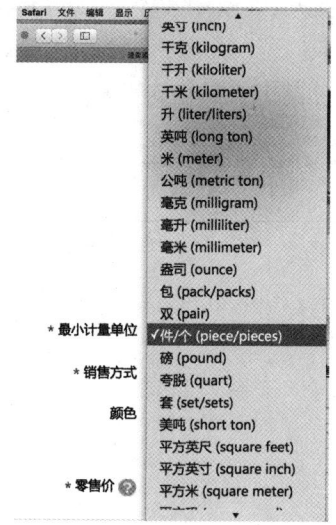

图 5-10　最小计量单位

(6)销售方式

根据产品实际情况进行选择,可以选择"按件出售",也可以选择"打包出售",如果选择"打包出售",则必须填写每包的数量,如图 5-11 所示。

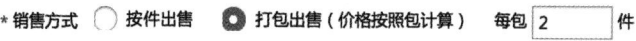

图 5-11　销售方式

(7)颜色

根据实际情况选取,如果只有一种颜色,则可以不勾选;如果有多种颜色,则可以多选。此外,如果产品的花色无可供选择项,则可自定义名称并上传图片,如图 5-12 所示。

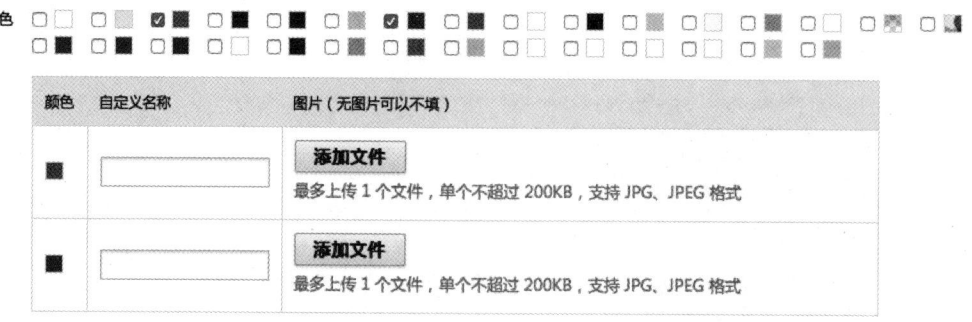

图 5-12　颜色设置

（8）价格设置

产品价格有两种：零售价（见图 5-13）和批发价（见图 5-14）。零售价是指买家页面展示的价格（已包含交易手续费）。卖家实际收入的计算公式为：

$$卖家实际收入 = 零售价 \times (1-佣金费率)$$

佣金费率有可能发生变化，以实际产品成交时的佣金费率为准，此处展示的实际收入仅为参考收入。此外，针对不同国家的买家，卖家可能会设置不同的价格，或者由于国际运费的关系需要做价格的调整，这时可以用"按 Ship to 区域调价"做相应调整。比如出口到俄罗斯提价 10%，出口到美国提价 15%，价格分别是 11 美元和 11.5 美元，如图 5-14 所示。

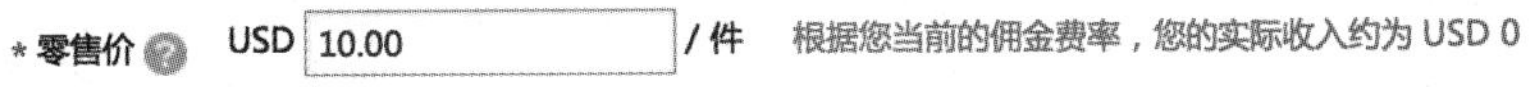

图 5-13　零售价

图 5-14　"按 Ship to 区域调价"（批发价）

需要注意的是，商家需要合理设置产品价格，如果出现超高价、超低价、运费倒挂等情况，则会被认定为价格作弊，归入违规产品中，当店铺搜索作弊违规产品累计到一定量后，将给予整个店铺不同程度的搜索排名靠后处理；情节严重的，将对店铺进行屏蔽；情节特别严重的，将冻结账户或直接关闭账户。

例 1：卖家发布一款手机，将价格设置成 0.1 美元每件销售，则会被判为超低价销售。

批发价针对的是支持批发的商品，可勾选"支持"复选框。可以在窗口中设置起批数量和批发价格。批发价格以折扣形式填写，如产品零售价 10 美元，10 件能享受批发价格，即可以减 10%（9 折），即价格为 9 美元每件，如图 5-15 所示。

图 5-15　批发价

例2：零售价为100美元，"批发价在零售价基础上减免10%，即9折"，表示批发价为90美元。

（9）库存与发货期

根据货物实际情况填写库存，当然，同款产品可能由于产品属性的不同，价格会有所不同，所备的库存也不同，如颜色、尺码等，可以分别进行设置，如图5-16所示。如果这些属性都一样的话，也可以批量设置。需要注意的是，针对不同颜色设置价格时，一定要注意产品是打包销售的还是单个销售的。此外，对于每个颜色的产品，可以上传本产品的缩小图，也可以选择系统定义的色卡，可以按照颜色设置是否有库存。商品编码则根据实际情况填写。

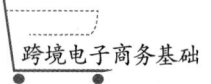

图 5-16　库存

这里的库存指的是产品的普通库存，不含活动库存，活动库存需要在产品报名参加活动时进行单独设置，买家完成付款时会扣减产品的普通库存。当产品存在多个SKU时，需要对各个SKU设置库存。SKU是指不同颜色和尺码的排列组合，如红色L码、红色M码分别是两个SKU。

例1：商家创建了含有5个SKU的衣服（价格为20美元/件），分别对5个SKU设置了库存20，则这款衣服的普通库存为100。同时又报名参加了限时限量打折活动，同时设置活动库存为20件，设置活动折扣为50%，当该活动开始后，产品以10美元/件进行售卖，且买家下单后扣减的是活动库存（活动库存为20），不扣减普通库存。当活动库存20件售卖完毕或活动结束后，商品将展示原价20美元/件，同时买家下单支付成功后，扣减普通库存（普通库存为100）。

需要注意的是，当产品售罄（即库存为0）时，产品还会处于"正在销售"状态，但是买家不能进行购买及添加购物车操作。同时，卖家需时刻关注库存量并及时补货，避免因无货导致的成交不卖风险。

"付款减库存"选项，是指买家拍下商品并完成付款后，扣减库存，期间不对库存进行锁定，以先付款为准。存在超卖（当商品库存接近0时，如果多个买家同时付款购买此产品，将可能会出现"超卖缺货"现象）风险时，如需减少恶拍，可选此方式，如图5-17所示。

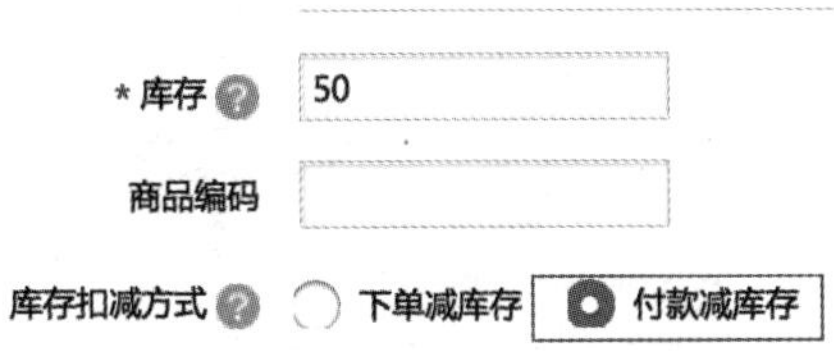

图 5-17 "付款减库存"选项

此外,发货期(见图 5-18)是从买家下单付款成功且支付信息审核完成(出现"发货"按钮)后开始计算的。假设设置的发货期为 5 天,那么买家下单付款成功且"发货"按钮出现后,必须在 5 日内填写发货信息(周末、节假日系统会做相应顺延)。若卖家未在发货期内填写发货信息,系统会关闭订单,货款将全额退还给买家。建议卖家发货后及时在发货期内填写发货信息,否则可能出现货款两失的情况。

图 5-18 发货期

例 2:发货期为 3 天,如订单在北京时间星期四下午 17:00 支付审核通过,则发货超时时间为北京时间星期二下午 17:00。

例 3:如果发货期为 1 天,订单在北京时间星期天上午 1:00 支付审核通过,则发货超时时间为北京星期一上午 1:00。发货期填写范围:1~7 天。需要注意的是,一定要谨慎设置发货期为 1 天的商品,避免产生成交不卖的风险。

(10) 产品视频

如果卖家有产品的视频,可以单击"上传视频"按钮,如图 5-19 所示。可以使用视频介绍产品功能或使用方法。建议视频时长不超过 4 分钟,画面长宽比为 16:9,暂不支持 WMV、H264 格式。视频需审核通过后才能展示,展示位置为产品详细描述顶部。

图 5-19 上传视频

(11) 产品详细描述

尽量简洁清晰地介绍产品的主要优势和特点,产品详细描述(见图 5-20)是让买家全面了解产品并有意向下单的重要因素。优秀的产品详细描述能增强买家的购买欲望,加快买家的下单速度。一个好产品的详细描述主要包含以下几个方面:

第一,设置店铺关联产品(8 个产品),单击"关联产品"链接按钮(见图 5-20),再选择关联产品即可。

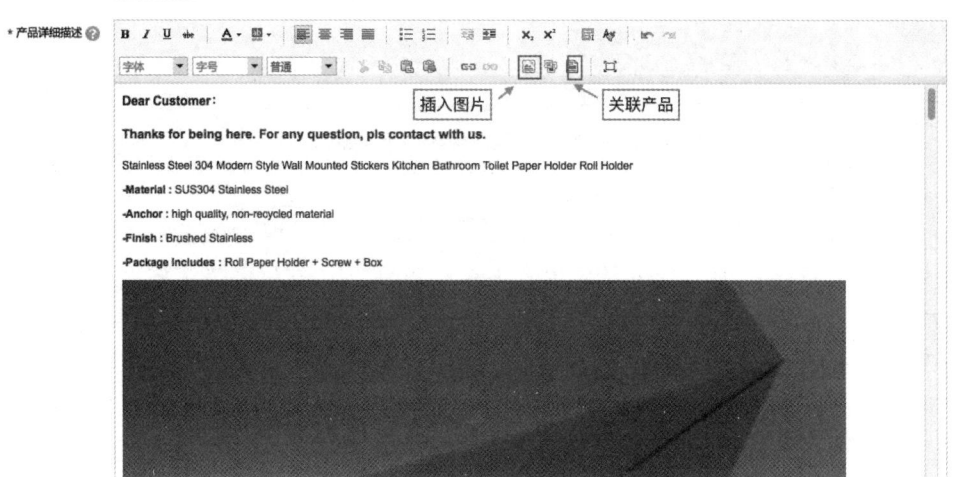

图 5-20　产品详细描述

第二，设置欢迎语，如"Dear Customer. Welcome to Our Store.""Thanks for being here.""For any question, please contact us."在欢迎语之后再次列出产品标题，增加产品引流。

第三，产品重要的指标参数和功能，如服装的尺码表、电子产品的型号及配置参数。

第四，上传8～10张优质图片，图片中无中文，图片上面可加英文描述。单击"插入图片"按钮（见图5-20），上传产品图片后单击"确定"按钮，如图5-21所示。

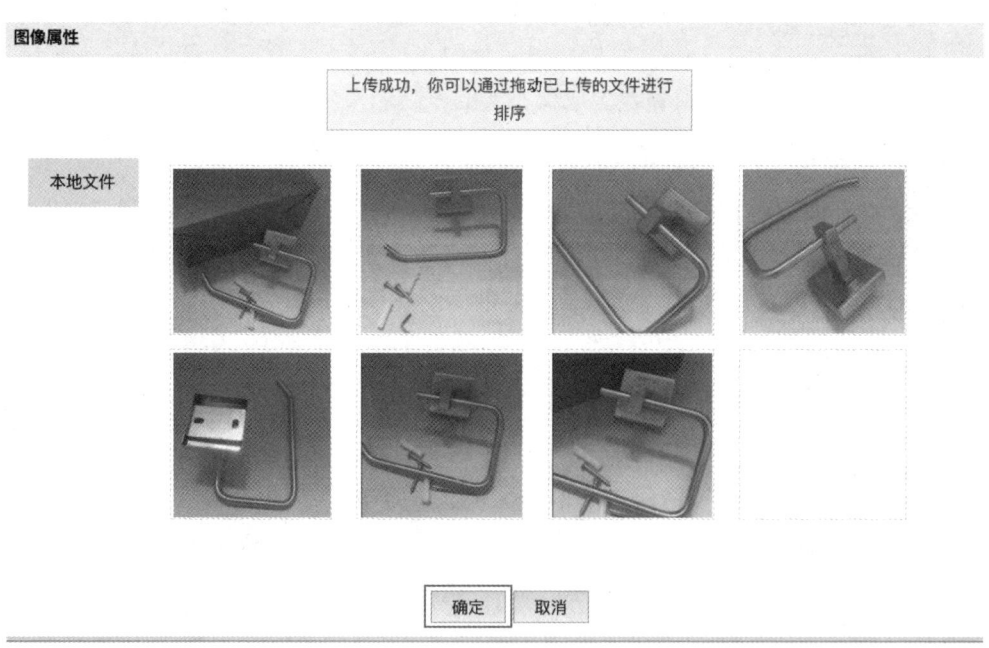

图 5-21　图片上传

第五，安装说明。如果产品需要安装，则最好提供安装说明图片。

第六，售后服务。售后服务条款可以在详情页的最后以图片或文字的方式展现出来，如图5-22所示。

Payment
Credit Card, VISA, Bank to Bank Wire Transfers, Western Union and so on.
All payments made on AliExpress are processed by Alipay.

Shipping
Please pay more attention to your order address which MUST MATCH your shipping address. (If you're from Russia, Please leave your full name. It is very important.)
Items will be shipped in 5 business days after payment.
Shipping will be worldwide via Epacket/China post air mail/UPS/FEDEX/DHL/EMS.
Remote area may cause extra shipping fee.
Please check items when delivered, if damaged, please kindly accept it and contact us immediately. We will make a confirmation and we will resend you a new one if necessary, this is much appreciated.

Warranty
Comes with 1 year manufacture warranty;
Exchange on defective item within 7 business days after the product is delivered;
Shipping damage has to be reported within 5 business days of which the product was delivered.

Contact us
If you want to place a large order for wholesale, please feel free to contact us.
If you need to order multiple items, pleases let us know first. We can offer you some discount.
Please e-mail me before leaving feedback if you are unhappy with your item, so we can work it out.

Feedback
Any feedback from you will be much appreciated. If you're satisfied with our service or products, please give us 5 stars.
If you have any questions, please contact with us, and we will get back to you sooner.

Note
Import duties, taxes and charges are not included in shipping cost.
Buyers bear all responsibility for all extra charges incurred(if any).
For our customers from Brazil:if you choose any courier, please leave your tax code(tax file number) so taht ensure our delivery normally.

图 5-22 售后服务条款

5. 包装信息

在进行包装设置时，一定要填写产品包装后的重量[①]和体积，如图 5-23 所示，这直接与运费价格相关，国际运费的计算能精确到克，因此，对包装材质和包装方式要慎重选择。有时卖家可能会发现运费和产品的价格持平甚至高于产品的成本，如果计算失误，就很有可能亏损。

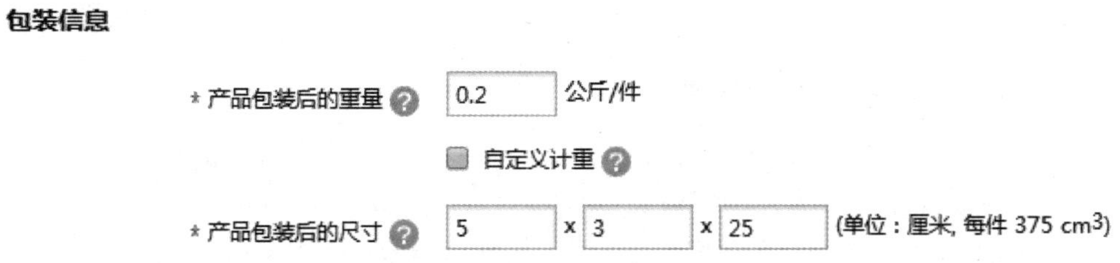

包装信息

＊产品包装后的重量　0.2 公斤/件
□ 自定义计重
＊产品包装后的尺寸　5 × 3 × 25 （单位：厘米，每件 375 cm^3）

图 5-23 包装设置

6. 物流设置

合理的物流设置可以大大降低产品的成本，因此在设置之前，一定要先和物流公司确

---

① 物流行业中重量是物体质量的通俗称法，这里保留。

认物流的价格和折扣，然后定义运费。目前有两种方式可供选择：

（1）直接选择"新手运费模板"（见图 5-24），后期可以选择与速卖通合作的物流服务商或自己联系货代公司发货。

（2）自定义运费模板。根据自己的经验，与快递公司协商好物流折扣，设置合理的运输方式及价格，进行模板设置。运费模板灵活使用，可以更好地降低产品成本。

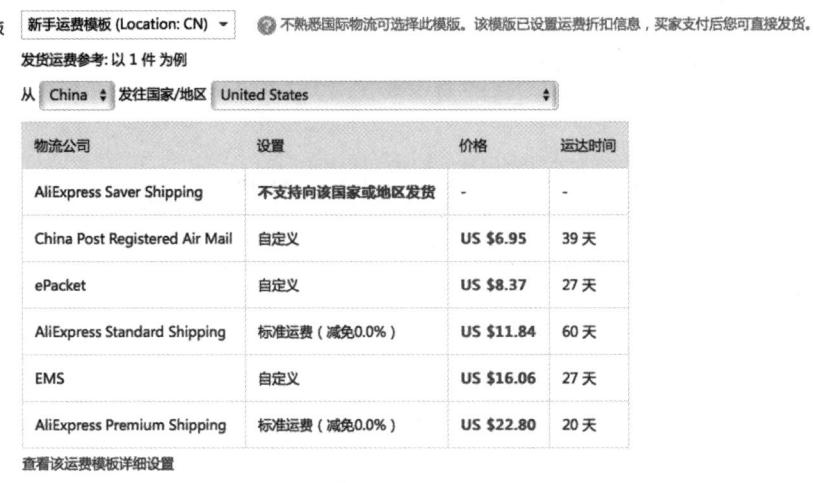

图 5-24　物流设置

7. 服务模板

服务模板如图 5-25 所示，初期可选用"新手服务模板"，后期可以根据自己的具体情况进一步设置。

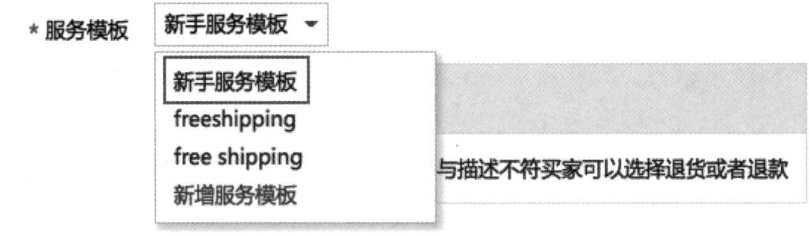

图 5-25　服务模板

8. 其他信息

（1）产品组

卖家可以根据需要设置多个产品组（见图 5-26），将同类产品放在一个产品组里面。选择正确的产品分组，可方便买家在店铺中查找产品，同时也便于卖家后期对产品的管理。

图 5-26　产品组

（2）有效期

产品有效期指产品在审核成功后展示的有效期限，产品过期后将自动下架。

9. 提交

在卖家编辑完产品之后，单击"预览"按钮可查看效果，然后单击"提交"按钮，如图 5-27 所示，就可以看到产品进入审核状态，24 小时后可以去检查一下产品的审核情况，审核通过后，买家就可以在网站上找到该产品了（见图 5-28）。当然，卖家也可以选择暂时不提交，将信息保存到草稿箱中。

图 5-27　提交

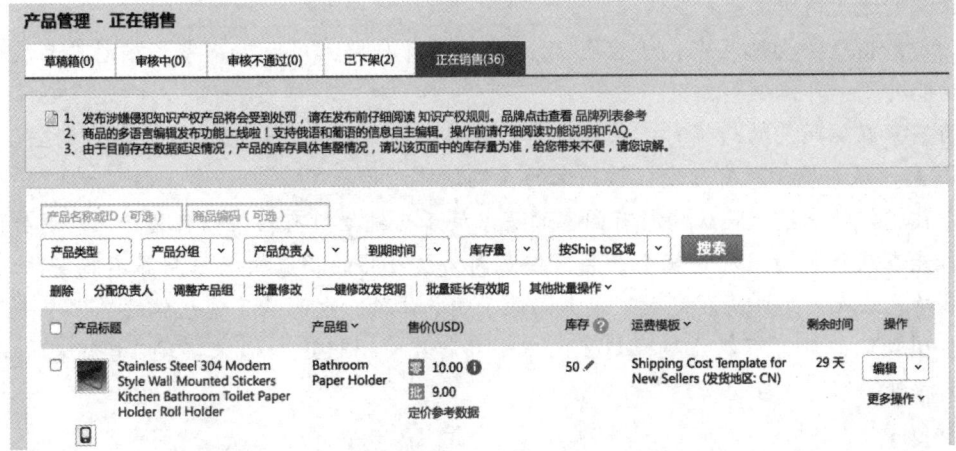

图 5-28　已上传的产品

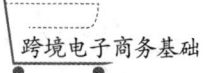

 拓展阅读

（一）无忧物流和线上发货禁运品规则升级通知

尊敬的速卖通卖家：

自无忧物流和线上发货禁运品规则开始执行以来，因同批次货物中出现禁运品而影响其他货物的正常交航及配送时效的情况已经显现。为了给予卖家一定的学习和改进期，北京时间2018年4月16日起（查验时间），无忧物流和线上发货禁运品规则将做如下升级：

一、若在包裹查验中发现禁运品，前两次将对您进行邮件（邮件发送至速卖通平台注册邮箱，请注意查收）提醒，对于屡次违规且发送禁运品超过两次的卖家，将暂停您使用无忧物流及线上发货的权限一个月，到期后发货权限自动恢复（如遇周末和节假日，恢复日期顺延至下一个工作日）；在此期间，请认真学习无忧物流和线上发货禁运品规则，恢复权限后又通过速卖通平台继续寄送禁运品超过两次的卖家，将被永久取消使用无忧物流和线上发货的权限。

二、对于您寄送的违禁品，物流商一律不予退回，且速卖通平台有权根据中国的相关法律法规及服务协议进行处理并追究卖家的违约责任。

对于2018年4月16日前因违反无忧物流和线上发货禁运品规则被取消发货权限的卖家，将会于4月30日之前陆续恢复权限。

无忧物流和线上发货禁运品规则调整通知请参考历史公告：

http://seller.aliexpress.com/notices/article-2265.html

物流特殊类目列表：

https://sale.aliexpress.com/zh/_pc/seller/shipping_rules_whitelist.htm

注意：如果您的商品无法按照物流政策要求发货，但不在特殊类目列表中，可以通过"小何在线"反馈，平台会根据物流商的禁运范围核实并更新特殊类目列表。

2018-05-08

（二）关于店铺展示商品调整通知

亲爱的速卖通卖家：

为更好地服务全球买家，平台自2018年4月4日起，对所有卖家店铺的产品展示做全新功能升级，具体调整如下：

当买家在访问您的店铺时，系统会自行通过判断该买家所设置的"发往目的国（ship to）"信息，从而展示所有可发往该国家的在架销售产品。

以往我们的店铺会默认向所有国家的买家展示店铺里所有在架销售的产品。这样，买家就可能在店铺页面里看到某个产品，但是因为该产品的物流模板限制并不能发往该国，从而导致无法在产品详情页完成下单，影响了购物体验，也影响了您店铺的转化率。

希望我们的努力可以让越来越多的中小品牌愿意通过速卖通来实现"卖全球"，越来越多的海外买家喜欢在速卖通"购全球"。

FAQ：

Q：怎么查看"我的店铺"里可发往俄罗斯的产品？

A：在店铺的右上角选择"Russian Federation"，即能看到您店铺里可发往俄罗斯的产品。同理，选择"United States"，查看可发往美国的产品，如图5-29所示。

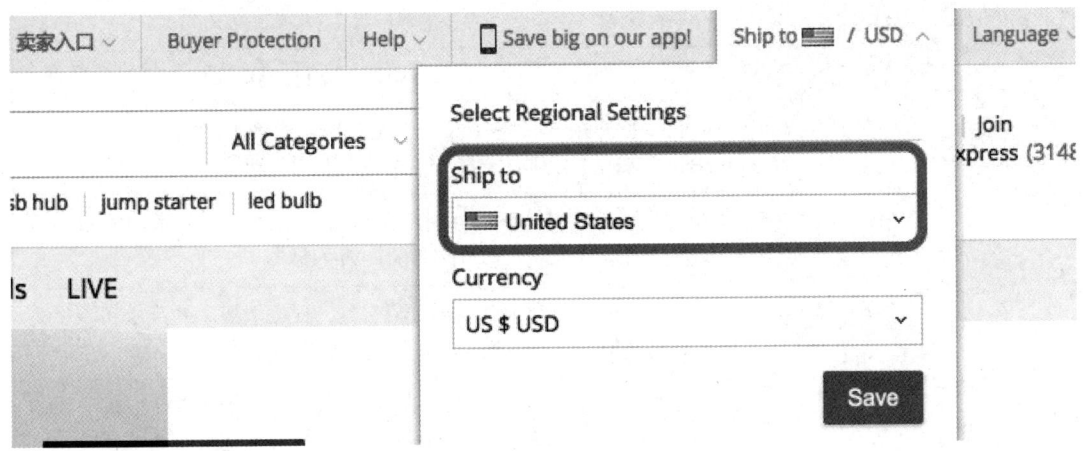

图 5-29　目的国的选择

Q：希望我的一个产品可以发往美国，但是在店铺里选择"Ship to United States"后，为什么还是看不到？

A：请检查该产品所选择的物流模板，是否设置了"Ship to"美国。

 走进职场

岗位名称：跨境电商运营专员。

薪资待遇：6000～8000元/月。

工作地点：深圳。

工作职责：

（1）负责亚马逊、eBay、速卖通、Wish、Walmart店铺的日常运营管理，独立管理账户、上架产品，处理订单。

（2）根据产品的销量和排名变化，及时制定和调整销售策略及推广计划，做好数据分析工作。

（3）分析竞争对手情况，掌握市场趋势和变化，制定和改善可行性方案。

（4）针对店铺运营和账号健康管理，做好分析总结，及时向上级汇报情况。

（5）配合协助上级对新人进行指导，促进团队和谐，带动团队合作，共同完成团队目标。

（6）服从上级的指令，按时、有效地完成上级交办的任务。

任职资格：

（1）大专以上学历，20～26岁，有志于从事外贸行业。

（2）英语读写能力良好，通过英语四级，有无经验皆可。

（3）不甘于现状，做事有恒心，敢于挑战业绩，敢于挑战高薪。

跨境电商运营专员典型职业活动和职业能力分析表，如表5-1所示。

表5-1 跨境电商运营专员典型职业活动和职业能力分析表

典型职业活动	平台运营
工作任务	产品上架、文案优化、站外引流、支付结算
职业能力要求	能熟练使用FTP等工具，熟悉各跨境电商B2C平台（Amazon、eBay、Wish）规则，上架产品信息符合平台要求
	能根据产品和销售对象制定和筛选"关键词"，并根据本地的搜索习惯及浏览习惯，形成完整的策划文案
	能熟练使用平台站内数据分析工具，根据上架后的流量和转化率等做出调整，并制定推广方案，实时更新方案
	熟悉各种网络营销手段，根据跨境电商平台的特点，制定SNS营销推广方案（Facebook、Twitter、Ins)，显著提升平台流量
	熟悉所销售地区的第三方推广平台及其规则（Google、Bing、SD等），优化营销推广方案
	能及时掌握所销售订单的收付款状态，及时办理货款结算
	能实时跟踪各国货币的汇率变化情况，确保本币保值增值

岗位名称：跨境电商美工。

薪资待遇：6000～8000元/月。

工作地点：深圳。

岗位职责：

（1）负责页面设计，优化、美化产品图片，制作推广效果图或海报。

（2）能够服从上级的安排，按时完成各项工作，有责任心。

任职要求：

（1）大专或以上学历，平面设计、美工设计、美术类相关专业，具有良好的美工编辑功底。

（2）擅长设计广告素材，对设计有清晰的认识，有较强的色彩搭配能力和审美能力。

（3）积极主动，工作责任心强，头脑灵活，思路清晰，具有较强的反应能力和较高的沟通水平。

跨境电商美工典型职业活动和职业能力分析表，如表5-2所示。

表5-2 跨境电商美工典型职业活动和职业能力分析表

典型职业活动	图文编辑
工作任务	视觉设计、图文编排、视频拍摄与编辑、视觉展示
职业能力要求	能够对接策划团队制定的文案，精准理解其诉求点
	能够根据文案推广主题收集图片、视频、音乐等相关素材

续表

职业能力要求	能够结合所收集的素材和推广需求，确定初步的配色方案、图文布局
	能根据企业背景、文化特征和行业特征，设计企业网站、产品图片和广告图片等
	能根据企业产品和企业文化，完成企业宣传册制作、展馆（厅）布置与海报设计
	能协同运营部、销售部完成营销推广所需产品和各类图文文案的编辑和设计
	能熟练使用PS、AI等平面设计软件，制作出符合企业需求的各类图片
	具备一定的营销思维，根据各平台规则和要求，设计出高质量的图片、视频
	掌握场景布置、采光、聚焦、构图等摄影技巧，拍摄符合需求的各类产品图片
	熟练使用1~2个视频编辑软件，制作出达到营销推广标准的素材

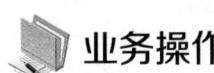

业务操作

任务一 发布产品

工作任务：

请在速卖通、敦煌网等跨境电商平台后台发布一款产品详情页优质的产品，货源信息可以从1688网站获取。

任务要求：

（1）注意不要侵权。

（2）产品的属性填写率达到100%。

（3）主图符合要求。

（4）产品详情页描述合理。

任务二 搜索排序规则分析

工作任务：

对比分析出口跨境电商平台速卖通、eBay、Wish、亚马逊的搜索排序规则。

实例解析：

搜集分析跨境电商平台搜索排序规则的异同点并填写表5-3。

表5-3 跨境电商平台搜索排序规则的异同点

跨境电商平台	搜索排序规则相同点	搜索排序规则不同点
速卖通		
亚马逊		
Wish		
eBay		

项目小结

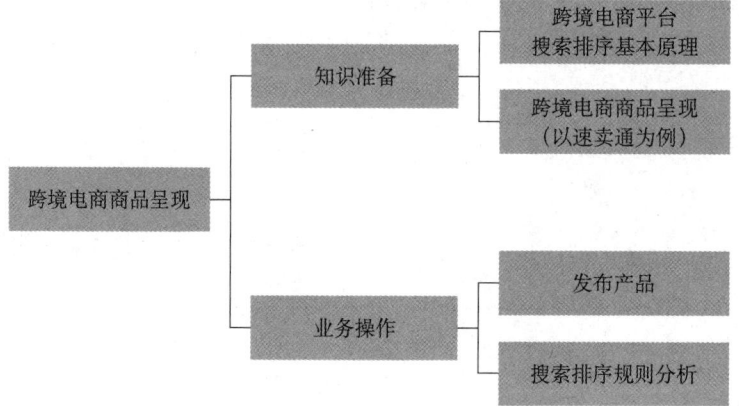

课后思考题

（1）简述跨境电商产品呈现的主要途径。
（2）简述跨境电商产品标题、关键词的来源。
（3）如何制作好的跨境电商产品详情页。

项目六

跨境电商支付

学习目标

知识目标

- 了解跨境电商支付现状和发展历程
- 掌握跨境电商第三方支付
- 掌握跨境电商支付方式
- 了解跨境电商支付发展方向

能力目标

- 能够使用跨境电商第三方支付工具
- 能够理解跨境电商支付风险及防范

典型工作任务

任务一　跨境电商支付工具对比分析
任务二　跨境电商支付案例分析

导入案例

蚂蚁金服收购英国跨境支付公司 WorldFirst

2月14日，记者从蚂蚁金服方面获悉，总部位于伦敦的英国跨境支付公司万里汇（WorldFirst）已完成所有权变更，正式携手支付宝，成为蚂蚁金服集团全资子公司。

据了解，WorldFirst 创始人兼 CEO 乔纳森·奎因（Jonathan Quin）当天通过电子邮件向用户宣布了这一消息，强调 WorldFirst 提供给全球用户的产品和服务保持不变。蚂蚁金服也发表声明称，"支付宝与 WorldFirst 携手将让我们能够更好地服务小微企业，在全球推进普惠金融服务，促进全球经济可持续发展"。声明还提到，收购完成后，WorldFirst 将继续在创始人乔纳森·奎因的带领下开展业务。

资料显示，乔纳森在 2004 年和尼克·罗宾逊（Nick Robinson）共同创立 WorldFirst，通过创新的支付生态系统向从事国际贸易的用户提供服务，目前拥有 8 万多个活跃用户，年交易额超过 100 亿英镑。

随着 WorldFirst 的并入，包括蚂蚁金服在内的阿里经济体继续完善全球布局。资料显示，截至目前，支付宝的全球金融机构合作伙伴数目已增至 250 余家。过去的 5 年中，支付宝一方面服务出境游的中国用户；另一方面，在"一带一路"沿线国家和地区不断落子，支付宝携手当地伙伴成功打造 9 个本地版"支付宝"，包括印度 Paytm、巴基斯坦 Easypaisa、菲律宾 GCash 等。

记者从蚂蚁金服方面了解到，WorldFirst 的融入之旅已经开启。例如，WorldFirst 已经与阿里巴巴旗下的 Lazada 合作，为印尼、马来西亚、菲律宾、新加坡和泰国的用户提供国际支付服务。而 WorldFirst 旗下的国际汇款业务，也会成为阿里巴巴推进全球汇的结构性组成部分。

（资料来源：网易财经）

 知识准备

跨境支付是指两个或两个以上国家或地区之间因国际贸易、国际投资及其他方面的经济活动借助一定的结算工具和支付系统实现资金跨国或跨地区转移的行为。

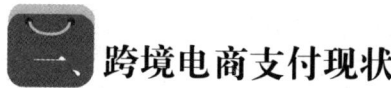 **跨境电商支付现状**

中国支付清算协会公布的数据显示，2018 年国内第三方支付机构跨境互联网交易金额超过 4900 亿元，比 2017 年增长 55.0%。预计今后 5 年跨境支付规模还将保持年化逾 50% 的增长速度。

传统跨境贸易以大额、低频为主，对支付安全性要求最高，同时也损失了时效性。因此，传统 B 端大额跨境贸易更愿意选择银行汇款和信用证等方式作为支付手段。随着跨境贸易的发展，特别是跨境电商平台的兴起，对支付的便捷性和及时性的要求更高，监管部门在此时放开了第三方支付机构的准入。传统贸易以银行汇款为主，对安全性的要求较高，令传统贸易的时效性降低，同时收费更高。跨境电商的兴起，必然要求更多的支付方式，同时跨境贸易的复杂性也令传统支付方式相形见绌。随着第三方支付机构的增多，跨境支付费用随之降低。在跨境电商中，由于参与者众多，单价较小但单量非常大，直接支付模式已经不适用。因此，国内第三方持有跨境支付牌照的机构和跨境收款企业及国外持牌支付机构合作，已经形成稳定的模式，在关键的结汇环节，国内持有第三方支付牌照的机构可以根据跨境电商数据对单结汇。中国第三方支付机构跨境互联网支付额及发展趋势如图 6-1 所示，跨境第三方支付流程如图 6-2 所示。

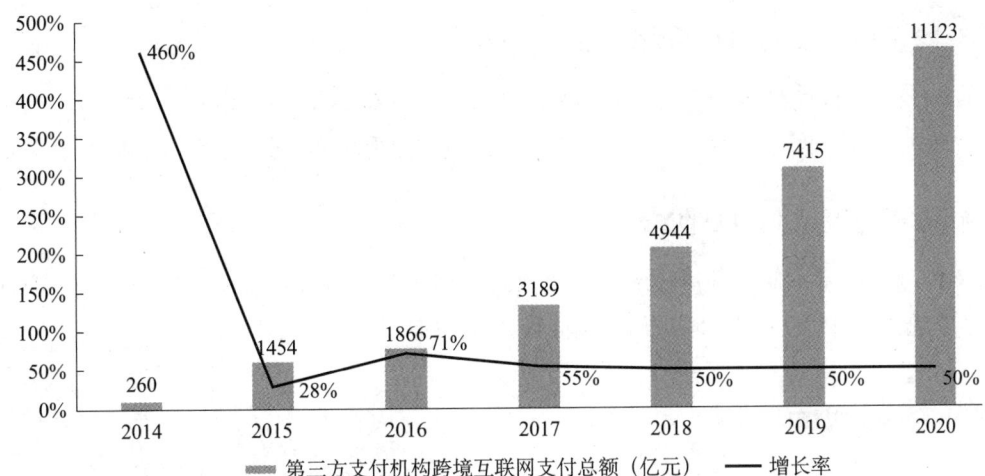

图 6-1　中国第三方支付机构跨境互联网支付额及发展趋势

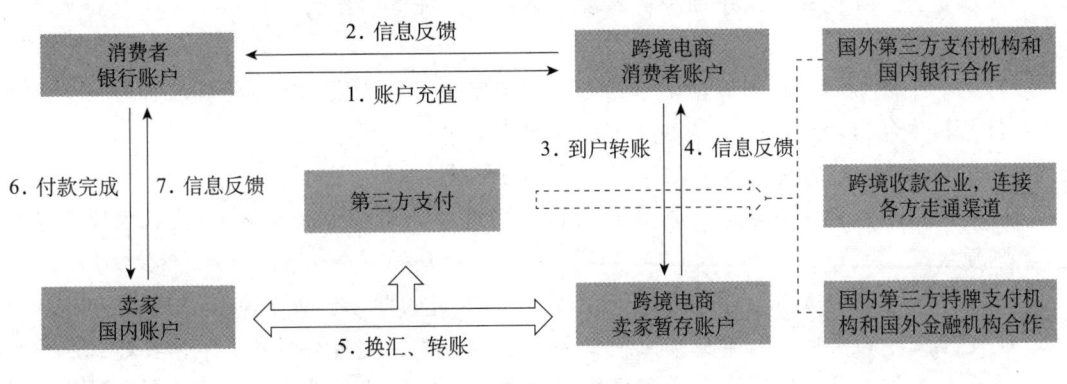

图 6-2　跨境第三方支付流程

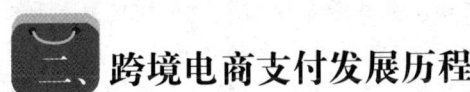、跨境电商支付发展历程

1. 跨境电商支付 1.0 阶段

该阶段，外资支付企业主宰跨境支付市场，典型代表有 PayPal、WorldFirst 等，典型特点是：2%～3% 的高额支付服务费率；市场由企业主宰，卖家没有选择权。

2. 跨境电商支付 2.0 阶段

该阶段，国内跨境支付企业崛起，典型代表企业有连连支付和 PingPong 等，这一阶段的特点是：行业费率水平拉低，降至 1%；设置了行业准入门槛；资金安全问题成为用户痛点。

3. 跨境电商支付3.0阶段

该阶段,国内跨境支付进入百花齐放时代,跨境支付公司达到30~40家。这一阶段的支付费率进一步降低至0.5%~0.7%,各支付企业更加注重品牌打造,提供差异化增值服务。

4. 跨境电商支付4.0阶段

该阶段,支付企业开始进入卖家的价值链,提供更多价值型服务。目前跨境企业从跨境支付向服务链转变,服务附加值成为企业破局关键。

 **拓展阅读**

跨境支付业务

跨境支付业务包含三块子业务:跨境收单、汇款业务、结售汇。

1. 跨境收单

跨境收单即帮助一个国家的卖家向另一个国家的买家收钱,可以将其理解为狭义的跨境支付,具体包括外卡收单、境外收单和国际收单。

- 外卡收单:帮助中国卖家收取国外买家的货款。
- 境外收单:卖家在境外,买家在中国,即进口业务(如海淘等),收取中国买家的货款。
- 国际收单:即卖家、买家和支付机构分属不同的国家,如PayPal在中国开展跨境支付业务的情况。收单业务主要服务于B端卖家,支付公司本身不需要建立账户体系,其核心是在卖家和收单行之间建立联系,通过网关进行账户信息和支付指令的加密传输。

2. 汇款业务

目前针对跨境出口电商的汇款业务快速增长。跨境电商呈现平台化趋势,中国卖家也在亚马逊、Wish等美国的第三方电商平台上销售产品。相比独立站需要搭建自己的支付系统,第三方电商平台都有指定的支付方式,新的支付工具很难切入,但中国卖家有境外收款、汇款入境的真实需求。在相关外汇政策的支持下,在美国获得汇款牌照的支付公司可为中国卖家开立美国的银行账户(虚拟账户),再将货款汇入境内结汇或在中国香港结成人民币再汇入境内。

开展汇款业务在大部分国家需要获得牌照,专业汇款公司以西联、速汇金等为代表,但这类机构的市场份额正在减少,而PayPal、Payoneer和WorldFirst等支付机构日渐成为跨境汇款的主流公司。中国的跨境支付公司正在与这些外资公司争夺市场份额。国际支付公司具有一定的先发优势,目前掌握了较多的大客户资源。

3. 结售汇

结售汇业务指的是:持有牌照的第三方支付公司可以在国内开展结汇和售汇业务,赚取汇差。

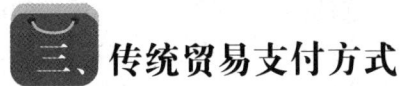# 三、传统贸易支付方式

1. 汇付结算方式

汇付，又称汇款，是最简单的国际货款结算方式。采用汇付方式结算货款时，卖方将货物发运给买方后，有关货运单据由卖方自行寄送买方；而买方则通过银行直接将货款汇交给卖方。

汇付业务涉及的当事人有4个：付款人（汇款人 Remmitter）、收款人（Payee 或 Beneficiary）、汇出行（Remitting Bank）和汇入行（Paying Bank）。其中付款人（通常为进口人）与汇出行（委托汇出汇款的银行）之间订有合约关系，汇出行与汇入行（汇出行的代理行）之间订有代理合约关系。在办理汇付业务时，需要由汇款人向汇出行提交汇款申请书，汇出行有义务根据汇款申请书向汇入行发出付款委托书；汇入行收到会计委托书后，有义务向收款人（通常为出口人）解付货款。但汇出行和汇入行对不属于自身过失造成的损失（如付款委托书在邮递途中遗失或延误等致使收款人无法或延期收到货款）不承担责任，而且汇出行对汇入行工作上的过失也不承担责任。

汇付的缺点是风险大，资金负担不平衡。因为以汇付方式结算，可以是货到付款，也可以是预付货款。如果是货到付款，卖方向买方提供信用并融通资金。预付货款的情况下，则买方向卖方提供信用并融通资金。在分期付款和延期付款的交易中，买方往往用汇付方式支付货款，但通常需辅以银行保函或备用信用证，所以又不是单纯的汇付结算方式了。

2. 托收结算方式

托收是指出口人在货物装运后，开具以进口方为付款人的汇款人的汇票（随附或不随附货运单据），委托出口地银行通过它在进口地的分行或代理行代进口人收取货款的一种结算方式。

托收业务涉及的当事人有委托人、托收行、代收行和付款人。委托人（Principal）即开出汇票委托银行向国外付款人代收货款的人，也称为出票人（Drawer），通常为出口人；托收行（Remitting Bank）即接受出口人的委托代收货款的出口地银行；代收行（Collecting Bank）即接受托收行的委托代付款人收取货款的进口地银行；付款人（Payer 或 Drawee）即汇票上的付款人，也是托收的付款人，通常为进口人。

上述当事人中，委托人与托收行之间、托收行与代收行之间都是委托代理关系，付款人与代收行之间则不存在任何法律关系，付款人是根据买卖合同付款的。所以，委托人能否收到货款，完全视进口人的信誉好坏，代收行与托收行均不承担责任。

在办理托收业务时，委托人要向托收行递交一份托收委托书，在该委托书中注明各种指示，托收行和代收行均按照委托的指示向付款人代收货款。

3. 信用证结算方式

信用证有光票信用证和跟单信用证之分，通常所说的信用证指跟单信用证，即银行根据买方的要求和指示，向卖方开立的，在一定的金额和规定的期限中，凭规定的货运单据付款的书面承诺。与汇款和托收方式相比，信用证结算方式中，银行的介入使得银行信用取代了商业信用，出口商只要提供符合条件的单据就能取得货款，而进口商只要付款就可取得代表货物所有权的单据，买卖双方的风险都大大降低。长期以来，信用证一直是国际贸易结算中最为常用的方式。但随着世界经济一体化的推进，这种局面也在悄悄地发生变化。尽管信用证在我国和亚太地区的国际结算中依然保持着统治地位，但是在欧美等发达国家和地区，受到新兴国际结算方式的冲击，信用证结算所占的比例已经大幅下降。

四、跨境电商支付方式

跨境电子商务的业务模式不同，采用的支付方式也存在差异。跨境支付形成多渠道并存的格局，主要包括银行电汇、快汇公司、国际卡组织、第三方支付机构4种渠道。常见跨境支付方式一览表如表6-1所示。

表6-1　常见跨境支付方式一览表

跨境支付方式	主要支付工具	特点
银行电汇	电汇	传统外贸付款方式，一般通过Swift系统传递数据
快汇公司	西联汇款、速汇金	到账速度快，手续费相对较高，同时网点不足
国际卡组织	万事达、维萨	用户群庞大，与信用体系挂钩，费用相对偏高
第三方支付机构	PayPal、Payoneer、ClickandBuy、Qiwi Wallet 等	使用方便，种类繁多

1. 电汇（TT，Telegraphic Transfer）

电汇是最常见的汇付方式，是指通过电报办理汇兑，是汇款人将一定款项交给汇款银行（汇出行）并说明收款人姓名和地址，汇款银行通过电报或电传给目的地的分行或代理行（汇入行），指示汇入行向收款人支付一定金额的汇款方式。电汇需要卖家在汇入行开户，买家到当地银行按卖家提供的汇款线路给卖家汇款。

优点：3～7天到账，提现也方便，支持全球大部分国家的业务。先付款后发货的方式对卖家来说是最安全的。

不足：不适合小额外贸交易。买家需要承担高额的电汇费用（1‰的手续费 + 3% 的钞变汇手续费+150元的电报费）。出于安全考虑，部分买家只同意电汇到中国卖家的对公账户。对银行信息的要求非常高，有时会因为银行分行地址不正确或Swift号码不被接受而导致款项退回。

2. PayPal

PayPal是目前全球最大的网上支付公司（目前PayPal在全球203个国家和地区拥有超过1.69亿个活跃用户），允许在使用电子邮件来标识身份的用户之间转移资金。

优点：交易完全在线上完成，无须到银行排队。适用范围广，尤其受美国用户信赖。收付双方必须都是PayPal用户，以此形成闭环交易，风控好。

缺点：手续费高（每笔交易除手续费外，还需要支付交易处理费），将外币提现为人民币的手续繁杂。不支持仿牌，对买家（消费者）过度保护，卖家（商户）账户容易被冻结（只要有人投诉，卖家的PayPal账号很可能被封，解冻时间为180天），账户容易被拒付（ChargeBack）。只支持包括中国在内的40多个国家的业务。

适用范围：跨境电商零售行业，更适合几十到几百美元的小额交易。

 **拓展阅读**

美国支付巨头PayPal正式进军中国市场

雨果网获悉，近日，中国人民银行批准国付宝股权变更申请，PayPal（PYPL.US）通过旗下美银宝信息技术（上海）有限公司收购国付宝70%的股权，成为国付宝实际控制人并进入中国支付服务市场。

国付宝是中国第二批获得牌照的支付公司，此次PayPal"借壳"正式进入中国市场，是对国内金融市场开放的一个较高的认可，必将引起跨境人民币业务的一波小高潮。据介绍，PayPal是美股纳斯达克上市公司，也是全球具有影响力的第三方支付企业，业务覆盖全球200多个国家和地区，拥有超过2.86亿个活跃支付账户，支持全球100多种货币交易。

事实上，早在2019年3月28日，国务院总理李克强在博鳌亚洲论坛上就曾表示，中国将持续扩大金融业对外开放，银行卡清算和非银行支付的准入范围大幅放宽。9月27日，国务院金融稳定发展委员会召开第八次会议，强调要进一步扩大金融业高水平双向开放，鼓励境外金融机构和资金进入境内金融市场。

业内人士指出，PayPal进入中国境内支付服务市场具有多方面意义：

①对境内外支付机构实现统一的准入标准和监管要求，有助于培育创新驱动的竞争新优势，进一步优化支付产业结构。

②适度引入外资支付机构，有利于营造公平竞争的市场环境，提高资源配置效率，提升支付机构和支付产业的服务水平。

③扩大支付清算市场双向开放，有利于深化中国支付服务市场改革，加快创新转型，完善制度建设，扩大和深化金融业对外开放。

雨果网了解到，在还未获得支付牌照之前，PayPal在中国支付市场布局的脚步就从未停歇。早在2013年，PayPal就曾与中国银联、北京邮政达成合作，2017年宣布与百度签署战略合作协议，同时，PayPal还与阿里巴巴公司就跨境电商的支付展开合作。

据Frost & Sullivan预测，2023年的中国移动支付市场规模将达到96.7万亿美元，接近2017年数据的3倍，月活用户量（MAU）将达到9.56亿，接近2017年数据的2倍。

令人垂涎的支付市场似乎格局已定。易观智库分析师王蓬博认为："仅从公司业务方面来看，当下，中国的支付体系已经相当健全，PayPal的话语权也相对较低，特别是支付宝、微信所建立起的C端业务已经很难再有竞争者。PayPal未来或将业务重心放在跨境市场上去寻求突破，因为它本身就从跨境电商平台起家，美国方面的牌照相当齐全。"PayPal较高的风控技术和多年的支持解决方案对于目前跨境收款结外卡收单等单一业务的公司会有一定程度的催化作用。

3. 西联汇款

西联汇款（Western Union，WU）是西联国际汇款公司的简称，是世界上领先的特快汇款公司，可以在全球大多数国家的西联代理所在地汇款和提款。中国邮政储蓄银行、中国农业银行、光大银行、中国建设银行、中国工商银行等多家银行是西联汇款中国合作伙伴。

优点：直接汇款到商户的西联账户（无须开立银行账户），手续费由买家承担。对于卖家来说最划算，可先提款再发货，安全性好。到账速度快（仅需要几分钟），支持全球大部分国家。

缺点：由于对买家来说风险极高，买家不易接受。买家和卖家都需要去西联线下柜台操作（2015年9月5日更新：收款人可通过中国邮政储蓄银行、农业银行、光大银行、上海浦发银行及中国工商银行的个人网银收取西联汇款，不用跑柜台了）。手续费较高，不适合小额汇款。

适用范围：10000美元以下的跨境电商零售或小额批发交易、传统外贸行业（无须提供外汇监管部门审批文件）。

4. 我国香港离岸公司银行账户

卖家通过在我国香港开设离岸公司银行账户，接收海外买家的汇款，再从我国香港账户汇往大陆账户。

优点：接收电汇无额度限制，不需要像大陆银行一样受每年5万美元的个人结汇额度限制。不同货币之间可自由兑换。

缺点：需要先办理港澳通行证才能开户，香港银行账户的钱还需要转款到大陆银行账户，较为麻烦。不要选择地下钱庄的方式，有资金风险和法律风险。

适用范围：传统外贸及跨境电商都适用，适合已有一定交易规模的卖家。

5. 信用卡收款

跨境电商网站可通过与Visa、MasterCard等国际信用卡组织合作，或直接与海外银行合作，开通接收海外银行信用卡支付的端口。

优点：欧美最流行的支付方式，信用卡的用户人群非常庞大。

缺点：接入方式复杂；需预存保证金；收费高昂（需要缴纳年费和服务费）、付款额度偏小。黑卡蔓延，存在拒付（Charge Back）风险。

适用范围：从事跨境电商零售的平台和独立 B2C。

6. 支票收款

支票（Check）是由出票人签发，委托办理支票存款业务的银行或其他金融机构，在见票时无条件支付确定的金额给收款人或持票人的票据。支票可用于付款和收款。

优点：价格低廉，通常只要 70 元人民币的托收费用，就可通过各大银行收取买家寄来的支票。

缺点：收款周期很长，一张支票从美国寄到中国，再从中国寄回美国，通常要一个月甚至几个月时间。中国的支票托收有一定限制，有时银行会要求用户提供劳务合同等凭证，有时还会出现中间行扣费的问题，建议到中国银行或中国工商银行等海外网点多的银行进行托收。

适用范围：适合在意手续费但对收款周期要求不高的外贸卖家。

7. 以 Payoneer 为代表的第三方机构

Payoneer 是一家总部位于纽约的在线支付公司，主要业务是帮助其合作伙伴将资金下发到全球，同时也为全球客户提供美元、欧元、英镑和日元收款账户，用于接收欧美电商平台和企业的贸易款项。Payoneer 类似于一家小银行，在资金的进入端嫁接欧美的银行系统，实现欧美银行子账户的签发，同时在资金的提现端嫁接当地金融机构的合规结汇通道，提供当地银行转账服务。

优点：

（1）便捷，使用身份证即可完成 Payoneer 账户在线注册，默认开通美元、欧元、英镑收款账户，可立即添加到欧美平台实现 ACH/SEPA/BACS 通道的入账。

（2）合规，像欧美企业一样接收欧美公司的付款，并通过 Payoneer 和中国支付公司的合作完成线上的外汇申报和结汇，可避开每年 5 万美元的个人结汇额度限制。

（3）安全，对于欧美客户的入账，在一定文件提供的基础上为卖家审核并提供全额担保服务，不用担心遇到挑剔型客户和无理取闹型客户。

（4）便宜，设置电汇单笔封顶价，人民币结汇最多不超过 2%。

缺点：受中国外汇管理局政策的影响，从 Payoneer 到国内银行卡的，不能以美元入账。

适用范围：单笔资金额度小但客户群分布广的跨境电商卖家。

 拓展阅读

典型跨境支付企业 Payoneer

Payoneer 成立于 2005 年，总部设在美国纽约，是 Visa 信用卡组织授权的具有发卡资格的机构，国内大多称为派安盈。Payoneer 是主流跨境电商平台收款通道，还为卖家提供

提款到银行、MasterCard 实体卡、缴费物流及 VAT 缴费等多个资金取用方式；同时，也为支付人群分布广而多的联盟提供简单、安全、快捷的转账服务。数千家联盟及数百万收款人的加入使 Payoneer 成为支付行业的领先者。

（1）服务优势

① 支持全球 210 个国家的当地银行转账。

② 可在全球任何接受万事达卡的刷卡机（POS）刷卡；可在线购物和利用 ATM 取当地货币。

③ Payoneer 和 Visa 的保护系统确保账户的安全性。

④ 两小时内快速到账。

⑤ 简单的在线激活动作。

⑥ 多语言、多方式的客服系统。

⑦ Payoneer US Payment Service（美国支付服务）帮助卖家接收指定美国公司的款项。

（2）账户分类

卡的性质为实体卡＋虚拟账户：实体卡是预付 Visa 实体卡，具有提现和消费功能；虚拟账户则用于接收资金，具有收款功能。其虚拟账户已开放有美元、英镑、欧元、日元、加拿大元、澳元收款，可在线接收美国公司、欧洲公司、日本公司的资金。

（3）支持平台

支持平台包括 Amazon、Lazada、Wish、CDiscount、Newegg、Shopee、Tophatter、Linio、Jumia、Priceminister、Bellabuy、Mobuy、Ensogo、京东等国内外热门跨境电商平台。几乎除了速卖通和 eBay，其他在国内招商的平台都可以用 Payoneer 收款。

（4）收费标准

Payoneer 预付 Visa 卡价格和费用如表 6-2 所示。

表6-2　Payoneer预付Visa卡价格和费用一览表

项目	金额	计费单位	备注
卡及账户年费	$29.95	每张卡	每年从卡中余额扣除
替换卡费	$12.95	每张卡	一次收费—当签发替换卡时
取现	$3.15	每次交易	取现时
取现被拒绝	$1.00	每次交易	ATM 取现被拒绝时
余额查询	$1.00	每次交易	每次查询时
余额查询	免费	每次交易	使用卡购物时

对于制卡国家以外的国家或不是以卡上货币发起的交易，MacsterCard 最高将收取所有费用 3% 的费用。

（5）汇率和提现

官方费率：1%～1.2%。

结算汇率：中国银行实时汇率。

提现银行类型：任意个人的银行卡和任意公司银行账户。

亚马逊官方规定的入账时间：3～5天。

实际资金入账时间：2～4天。

提现到国内银行所需的时间：最快当天，最迟第二天。

是否支持店铺操作：一个主账号可以绑定无数个店铺。

（6）安全保障

Payoneer持有美国FinCEN（美国金融犯罪执法局）签发的MSB（Money Service Business，货币服务企业）执照，并在美国的50个州都需要申请和获得Money Transmitter的执照。Payoneer也是欧洲的FAC（Financial Conduct Authority）注册的E-Money Issuer（Electronic Money Service）。此外，Payoneer还持有中国香港MSO牌照和中国外汇管理局跨境贸易试点牌照（合作伙伴）。

每笔资金的进和出都必须符合MSB/FAC的要求，并接受随机的审计和定期的内部/外部风控部门的审核。

（7）支付牌照

美国、日本、中国的合作商均有支付牌照。

 五、跨境电商支付风险及防范

1. 跨境电商支付风险

（1）交易信用风险

在我国跨境电商支付过程中，会出现商品款项已收而商品未收，或商品已发而款项未收等现象。特别是在第三方支付平台方面，对此类问题的监管只是停留在虚拟层面，难以确定交易的实际情况。这对我国跨境电商支付交易双方来说，存在一定的信用风险。对买方而言，其主要风险是：卖方进行虚假宣传，利用促销让利活动骗取买方下单，从中赚取利益；对卖方而言，其主要风险是：买方进行虚假交易与交易欺诈等，并恶意对不存在质量问题的商品寻找各种理由退货，使得卖方为了不损自己的信誉而接受退货，遭受运费损失。

（2）资金流转风险

我国跨境电商支付结算过程中，手续较为烦琐且资金到账时间不同，使境外企业支付容易面临周转资金不足的风险。一般而言，当境外买家在我国跨境电商平台消费之后，资金不会实时到账，而需要7～10天的时间。同时，由于通关退税等跨境业务复杂，境外买家支付的货币不能直接兑换为人民币，企业资金回笼面临汇兑问题，进而导致资金周转面临较大的风险。

（3）费率及汇率风险

目前，我国跨境电商支付方式中，国际支付宝、PayPal、信用卡等支付方式都需要交一定的手续费。例如，PayPal交易手续费一般为2.9%～3.9%，如果跨境交易产生每

笔 0.5% 的跨境费，那么提现时还需要额外收取费用。而第三方支付平台、银行等机构提供的跨境电商交付服务，费率在 1% 左右，总体收费水平较高。据易观数据库资料计算，2017 年上半年，深圳某跨境电商出口企业通过国外金融企业跨境收款，需要 3～5 天时间才能回收资金，还需另外支付 3%～6% 的续费。同时，我国跨境电商支付过程中，在客户付款后、商家收到货款之前，国际汇率变动会直接影响资金的实际购买力。支付机构收到资金后，会在"T+1"工作日进行结售汇。若买家对跨境电商商品不满意，在货物回退过程中，购物资金存在汇兑不足额的风险。

2. 跨境支付风险防范

（1）简化跨境电商支付流程，提高资金流转的安全性

我国第三方支付机构在与跨境金融机构建立合作关系时，应充分简化收付、结算、资金到账等流程，从而提升资金流转的安全性。一方面，我国金融支付机构可在跨境电商、商务留学等领域开展支付应用合作，提供国际收支申报、跨境资金清算、结算等综合性的统一接入端口，从而实现跨境电商支付的便捷性。另一方面，我国金融支付机构可加强与境外同业机构的合作，利用跨境电商支付平台，实现资金跨境清算、自动对账等智能金融服务，以简化交易流程。此外，我国金融机构还可以积极参与到 Swift 全球支付创新项目，优化我国跨境电商支付方式，简化资金结算流程。上述操作方式可为资金端对端查询、资金当天到账及海量支付信息传递等提供一定的借鉴。

（2）灵活调整计价币种并协同分担汇率风险，及时有效地应对汇率变化

为有效应对费率变化带来的损失，跨境电商企业通过及时调整价格来实现协同分担汇率风险。通过及时调整商品售价，可以实现由买卖双方协同承担汇损。

（3）多种跨境支付搭配使用，降低跨境电商支付风险

在进行跨境支付时，需要多种支付工具搭配使用，以降低跨境电商支付风险。就第三支付方式来说，全球不同国家或地区的买家使用的支付方式各不相同。例如，欧美国家的买家倾向于使用 PayPal 工具；中国的买家热衷于使用支付宝、微信等支付工具；俄罗斯的买家使用本土电子钱包工具，如 Qiwi Wallet 与 WebMoney 等。因此，我国跨境电商支付发展境外市场时，应权衡不同跨境支付方式的使用成本、应用优势、使用率等因素，积极搭建适合当地的支付组合方式，通过多种跨境电商支付组合策略降低交易风险。

业务操作

任务一　跨境电商支付工具对比分析

工作任务：
利用搜索引擎、各大信息类网站了解不同跨境支付工具。
实例解析：
搜集表 6-3 中的跨境支付工具，从主要功能、到账时间、手续费等角度进行对比和分析。

表6-3 跨境支付工具对比

跨境支付工具	主要功能	到账时间	手续费	适用范围
电汇				
西联汇款				
信用卡				
Payoneer				

操作步骤
（1）登录搜索引擎，搜索相关跨境支付工具的介绍。
（2）了解相关跨境支付工具。
（3）分析对比功能、到账时间、手续费和适用范围。

任务二 跨境电商支付案例分析

案例背景：

成立于2016年的寻汇SUNRATE是一家为企业提供全球支付和汇率管理解决方案的金融科技公司，为客户提供两个方面的服务：一是跨境收付款；二是对外汇市场的剖析、汇兑风险管控和结售汇交易。

寻汇SUNRATE运用金融科技融合汇率风险管理的业务模式，这与跨境电商第三方支付2.0新模式相契合，作为典型案例被纳入教育部哲学社会科学研究重大课题公关项目。该项目的研究报告指出，寻汇SUNRATE通过建立智能化的第三方支付平台（见图6-3），帮助跨境电商企业减少汇兑损失，提高国际贸易竞争力。

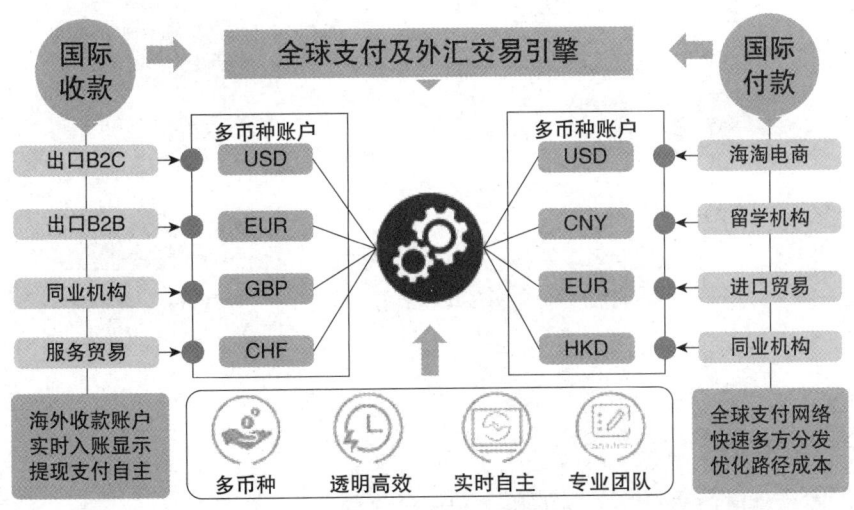

图6-3 第三方支付平台

寻汇SUNRATE的跨境电商第三方支付模式基于其金融科技实力，尤其是在构建了以外汇风控系统为核心的信息化电子系统后。该系统涵盖自动化最优报价的汇率管理及交易模块、便捷安全的全球支付模块和完善的汇率风险对冲及管理模块。

寻汇 SUNRATE 的汇率管理及交易模块通过获取市场具有竞争力的汇率,为客户提供最优的汇率报价,其中,自动套期保值的头寸管理工具是关键一环。全球支付模块通过银企底层直连,极大地提升了处理能力和清算效率,配合当地分销网络的双重支付网络覆盖全世界主要贸易国家,采用智能定价分析不同类型客户的付款频次和目的地,进而降低国际支付成本。汇率风险对冲及管理模块通过对不同币种的现金流进行模型分析,并结合国际投行通用的指标在险价值模型,对企业的汇率风险敞口进行量化研判。

寻汇 SUNRATE 的关键技术是外汇风控系统,具体而言:利用包括外汇衍生品在内的一系列工具,构建外汇套期保值模型;基于专业团队的研究,提前防范未来汇率的可能波动导致的风险;同时,还对市场报价进行量化分析,准确把控市场交易情绪,研判未来趋势。

案例问题:

(1)跨境电商第三方支付主流项目有哪些?

(2)简要说明跨境电商第三方支付企业寻汇 SUNRATE 的目标客户群体。

项目小结

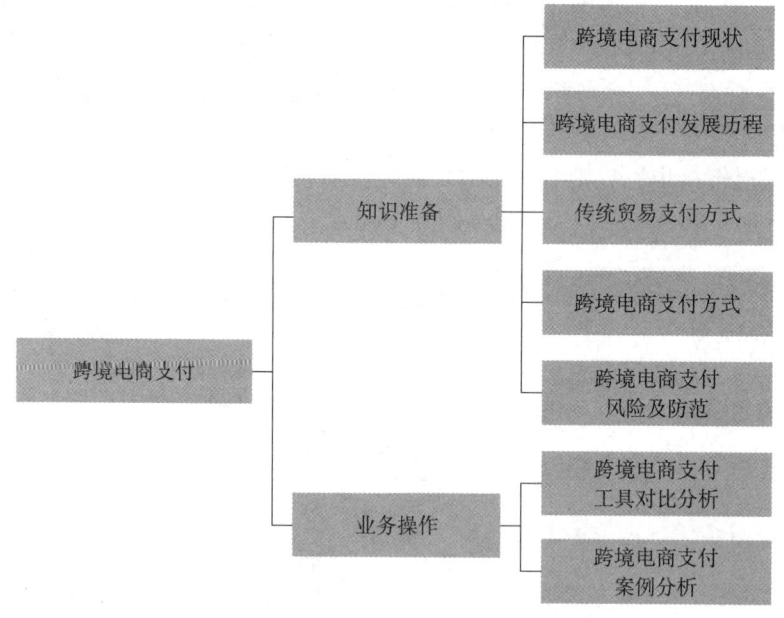

课后思考题

(1)简述跨境电商第三方支付的概念和业务流程。

(2)简述跨境移动支付的类型和特征。

(3)主流跨境电商平台常用的跨境支付工具有哪些?

项目七

跨境电商政策法律法规

学习目标

知识目标

- 了解跨境电商相关政策
- 了解跨境电商相关法律问题
- 掌握跨境电商知识产权保护

能力目标

- 能够理解和应用跨境电商相关政策
- 能够运用跨境电商平台的知识产权规则

典型工作任务

任务一　跨境电商知识产权案例分析
任务二　Wish平台知识产权规则应用

导入案例

从"指尖猴子"侵权事件来看跨境电商中法律的必要性

2017年流行起来的指尖陀螺，从火爆热销到被投诉、产品侵权、被海关扣押，甚至被亚马逊禁售，是仅仅几个月时间内发生的事情。单纯拼低价却无法保证质量，最终造成价格大幅跳水，虽然前期并无侵权问题，但是随着其热销的趋势，部分国家的卖家已经不满足于蝇头小利，开始抢注外观专利、包装专利，并向海关备案，因此，造成很多卖家的货物到达海关后被查扣，货物大量堆积。

一夜之间上千家销售"指尖猴子"的卖家遭遇封杀，它们收到了来自美国法院的临时禁令，PayPal、国际支付宝账号资金被冻结，品牌商追溯法律责任，资金账号遭遇冻结，对于正处于旺季备战关口的跨境卖家来说，确实是一个噩耗。

虽说指尖陀螺的发明者因个人原因并未申请专利，使指尖陀螺成为社会共同财产，前期并未出现侵权方面的问题，但"指尖猴子"不一样，它是WowWee旗下的智能玩具，并且已经成功注册了发明专利，对于WowWee这样的大公司，必然不会轻易放过产品专利方面的问题。

目前"指尖猴子"案件有了最新进展，158位卖家已被WowWee起诉，这些被起诉的卖家，其产品的商标和名字等全部都和WowWee旗下的"指尖猴子"一模一样，所以才被起诉。"指尖猴子"的商标、版权、多款产品不同的颜色、产品包装都申请了专利。"幸免于难"的1000多个卖家只好将产品下架，主要是因为售卖了假冒伪劣产品或在产品描述中使用了"WowWee"，并未直接侵犯商标等知识产权，这类卖家的账户暂时不会被取缔，但也提醒这类商家及时提款、尽早下架，以避免遭受更大的损失。

（新闻报道摘自亿恩网，2017）

知识准备

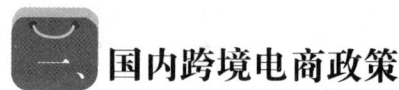
一、国内跨境电商政策

跨境电商行业的高速发展离不开政策的支持，从2012年8月商务部颁布《关于利用电子商务平台开展对外贸易的若干意见》以来，针对跨境电商行业的配套政策和措施纷纷出台。从现有颁布的政策来看，各相关部门工作的主要目的是：大力支持跨境电商新兴业态的发展，积极引导跨境电商运营的规范化。

这些政策深入跨境电商的方方面面，大到总体制度、环境建设（如开展跨境电子商务综合试验区试点），小到跨境电商的具体环节（如税收、支付、通关、海外仓等方面），为跨境电商的发展扫除障碍，创造各种有利条件推动其快速发展。

国务院是跨境电商相关政策指导性意见的制定方，自2013年我国跨境电商发展元年起，已相继颁布政策文件，批准设立跨境电商综合试验区，要求各部门落实跨境电商基础设施建设、监管设施，以及要求优化完善支付、税收、收结汇、检验、通关等过程。国务院相关跨境电商政策如图7-1所示。海关总署是跨境电商流程层面特别是通关流程相关政策的重要制定方，具体措施包括提高通关效率、规范通关流程、打击非法进出口。海关总署相关跨境电商政策如图7-2所示。商务部等部门相关跨境电商政策如图7-3所示。

国务院相关跨境电商政策

时间	主题	名称	意义
2013年8月	对各部门要求	《关于实施支持跨境电子商务零售出口有关政策意见的通知》	政策指导
2014年5月	基础设施	《关于支持外贸稳定增长的若干意见》	政策指导
2015年3月	批准试验区	《国务院关于同意设立中国(杭州)跨境电子商务综合试验区的批复》	政策支持
2015年5月	效率提高	《关于大力发展电子商务 加快培育经济新动力的意见》	政策指导
2015年6月	流程优化	《国务院常务会议,部署促进跨境电子商务健康快速发展》	政策支持
2015年6月	基础设施	《关于促进跨境电子商务健康快速发展的指导意见》	政策指导
2016年1月	批准试验区	《国务院关于同意在天津等12个城市设立跨境电子商务综合试验区的批复》	政策支持
2016年5月	支持新业态	《国务院关于促进外贸回稳向好的若干意见》	政策指导
2017年11月	降进口税率	《国务院关税税则委员会关于调整部分消费品进口关税的通知》	政策支持

图 7-1 国务院相关跨境电商政策

海关总署相关跨境电商政策

时间	主题	名称	意义
2014年7月	加强监管	《关于跨境贸易电子商务进出境货物、物品有关监管事宜公告》	政策规范
2014年8月	加强监管	《海关总署关于增列海关监管方式代码的公告》	政策规范
2015年5月	效率提高	《海关总署关于调整跨境贸易电子商务监管海关作业时间和通关时限要求有关事宜的通知》	政策支持
2015年9月	加强监管	《关于加强跨境电子商务网购保税进口监管工作的函》	政策规范
2015年10月	试点城市	《海关总署关于天津市开展跨境贸易电商服务试点工作的报告》	政策支持
2015年12月	效率提高	《关于进出口货物报关单修改和撤销业务无纸化相关事宜公告》	政策支持
2016年4月	加强监管	《关于跨境电子商务零售进出口商品有关监管事宜的公告》	政策规范
2016年5月	政策延期	《海关总署关于执行跨境电子商务零售进口新的监管要求有关事宜通知》	政策支持
2016年7月	完税价格	《关税司、加贸司关于明确跨境电商进口商品完税价格有关问题的通知》	政策规范
2016年10月	信息化	《关于跨境电子商务进口统一版信息化系统企业接入事宜公告》	政策规范
2016年12月	加强监管	《关于增列海关监管方式代码的公告》	政策规范
2017年8月	效率提高	《海关监管场所管理办法》	政策支持

图表编制:中国电子商务研究中心　　数据来源:WWW.100EC.CN

图 7-2 海关总署相关跨境电商政策

图 7-3　商务部等部门相关跨境电商政策

二、跨境电商相关法律问题

1. 消费者权益保护

由于跨境电商的纠纷往往产生于两个国家的交易主体之间，而我国当前较为缺少相关的独立性法律来应对跨境电商纠纷，当纠纷产生时，一般只能援引我国已有的相关法律条款来加以解决。在实体法方面，《网络交易管理办法》对平台在纠纷解决中扮演的角色提出了要求，平台应自建纠纷解决与维权制度，参与调解相关纠纷并支持消费者维护自身合法权益。《合同法》中也有涉及纠纷处理的条款，其中第一百二十六条第一款规定，涉外合同的当事人可以自己选择解决纠纷所适用的相关法律。在程序法方面，《涉外民事关系法律适用法》规定，涉外纠纷中的当事人可自行选择使用的法律，同时也对例外情况给出了几点说明，特别是，对纠纷中知识产权的归属问题也有相关规定。

2. 跨境支付

随着跨境电商零售模式的发展，第三方在线支付平台如 PayPal、阿里 Secure Payment

的使用越来越普遍。第三方支付指由非银行的第三方机构利用支付平台的信用担保和技术保障功能将银行、商家、消费者连接起来,为各主体实现货币支付与流转、结算等功能。跨境第三方支付是适应跨境电商零售产业迅速发展而出现的新兴产业,其资金的支付方与接收方一般不在同一国境内。第三方支付作为跨境电商发展重要支撑的一环和金融行业极具增长潜力,近年来发展较为迅速,更需要用法律手段对其不合理现象进行规制。

目前,我国在跨境支付领域的监管办法有:《跨境贸易人民币结算试点管理办法实施细则》,在试点区域实行对跨境支付的监管并主要关注支付安全问题;《电子支付指引》,对电子支付的法律界定、服务申请程序、规范等内容做了规定,重点对支付损失责任进行了划定;《支付机构客户备付金存管办法》,主要对客户备付金存管银行做出了具体规定;《支付机构互联网支付业务风险防范指引》,对支付机构的支付安全保障和资金安全方面提出了规范化操作的要求;《非金融机构支付服务管理办法》,主要对非金融机构支付服务的各项内容与准入门槛、终止业务机制、支付各方的权利与义务等进行规范;《支付机构跨境电子商务外汇支付业务试点指导意见》,针对小额跨境电商支付交易,对机构的准入与业务管理等提出要求。

 **拓展阅读**

大量中国跨境电商 PayPal 账户遭冻结

国际第三方支付平台 PayPal 近期被爆出有大量中国商家账户因诉讼而被冻结。部分商家因没有应诉,它们的 PayPal 账户资金将面临被清零的风险。商户魏先生 PayPal 账户中的 23000 美元被清零,且该笔资金显示已转账到 PayPal 账户。

来自商务部的数据显示,截至 2013 年,我国跨境电商平台企业超过 5000 家,通过各类平台开展跨境电子商务的企业已超过 20 万家,国际第三方支付业务也因此得到快速发展。但最近一段时间,国际第三方支付平台 PayPal 被爆出有大量中国商家账户被冻结和清零。

新京报记者调查发现,来自美国的买家以高价购买仿冒品为由与中国商家聊天,获取其 PayPal 账户,随后相关品牌商凭借聊天记录在美国提起诉讼。由于在美国打官司费用高昂,大部分商家没有积极应诉,但随之而来的是 PayPal 账户及资金被冻结甚至清零。

杨先生说,为便于国际交易,他把 5 年的全部收入共 65 万元资金存入 PayPal 账户。去年 11 月 16 日,一个美国买家联系了同做外贸生意的杨先生弟弟,称看中了一款男士手套。"那个买家说他进货量大,让提供一个 PayPal 的账户付款,我弟弟没有 PayPal 账户,我就把自己的 PayPal 账户借给他用。"

据杨先生回忆,去年 12 月 10 日上午,他像往常一样登录自己 PayPal 账户查看交易明细,却发现无法进行操作。随后,他被 PayPal 客服告知,因收到美国法院传票,PayPal 已将其账户冻结。他出具的 PayPal 邮件通知显示,PayPal 在 12 月 2 日收到美国伊利诺伊州的法院指令,称他可能侵犯了某美国品牌的知识产权,账户将受到限制。

同月 11 日凌晨,杨先生收到了来自代理原告品牌商的美国 GBC(Greer Burns & Crain)律师事务所的电子律师函,称已对他提起诉讼。"那款手套的图片是从网上下载的,上面有一个圆形图案,也就是这个图案惹出了麻烦。"

杨先生说,美国买家没有付款,双方也未形成交易,他曾多次联系 PayPal 公司,希望解冻账户,但对方以"PayPal 为第三方,只能执行法院指令"为由,继续冻结他的账户。

杨先生账户被冻结是因为涉嫌侵权,从事摩托车配件对外贸易的郑先生则自称"躺着中枪"。去年 12 月,他因涉嫌侵犯某国际眼镜品牌,收到了关于 PayPal 账户被冻结的电子邮件,并被品牌商委托的美国 GBC 律师事务所起诉。"我做的是摩托车配件生意,店铺中根本没有卖眼镜,为何有人告我卖眼镜侵权?"郑先生说。他自己曾试图联系 PayPal 官方解冻账户但未果。

通过 QQ 群、微信、论坛,杨先生结识了很多与他有相似遭遇的商家,其中一部分商家的账户已经被清零。"被清零后,钱被追回的概率几乎为零。"杨先生称,如果选择不应诉,依照美国的法律,商家会败诉,随后 PayPal 账户被清零。所以对于账户被冻结但尚未清零的商家来说,应诉是唯一的途径,但这条路并不好走。

"先是一个外贸论坛上的律师收了我 5000 元,但并不进行应诉准备,而是让我继续交钱。"选择应诉的杨先生称,他随后又向美国加州的一家律师事务所支付了 1000 美元,该律所同样"只要钱不办事",最后他通过朋友介绍,找到了芝加哥的一位华人律师,至此他为找律师已耗费了近 1 个月的时间。"律师告诉我,如果在一定的期限内不应诉,原告就会向法院申请缺席审判,如果被判败诉且判决生效,PayPal 将执行法院指令,将账户内的资金转给原告品牌商,大部分 PayPal 账户中的钱款都可能被清零。"

1 月 7 日,在 GBC 律师事务所向伊利诺伊州法院申请缺席审判的前一天,杨先生和美国的律师签署了委托协议,开始打官司。杨先生说,即便能打赢官司,高额的诉讼成本也让他这样的小商家难以承受。

PayPal 账户被冻结的商家相互交流后发现,共分三种情况:确实在售卖品牌商仿冒商品、将自己的 PayPal 账户转借给他人、无故被起诉。但无论是哪一种情况,商家遭遇的情况非常相似。

"我们都是在阿里巴巴速卖通或 eBay 购物平台上遇到来自美国买家的,这些买家的注册地都是伊利诺伊州。"杨先生称,买家首先询问是否有某品牌的商品,如果商家没有售卖该品牌的商品,买家会主动提供该品牌的商品的图片,让商家去找货品。"他会说自己采购量很大,希望长期合作,给出的价格也非常诱人。"在双方达成交易意向后,买家会提出通过 PayPal 付款,要求商户提供 PayPal 账户。

此后,商家遇到相同的情况:PayPal 账户无法使用,PayPal 公司发来电子邮件告知收到法院传票并冻结账户,收到 GBC 律师事务所的律师函。

记者对比商家提供的律师函发现,在案情不同的情况下,GBC 律师事务所发出的电子律师函在内容上相差无几,索赔金额都是美国知识产权侵权案件最高赔偿金上限 200 万美元。

去年 7 月,部分商家曾聚集到 PayPal 在中国位于上海的办事处讨要说法,但 PayPal 以该公司服务不涉及法务问题而拒绝回应。PayPal 公司近日回复新京报记者,在打击利用 PayPal 安全支付平台进行违法活动方面,该公司会不遗余力。就大量商家遭到美国品牌商诉讼的情况，PayPal 公司表示，如果商家认为自己的账户或网站并不涉嫌出售品牌商的侵权商品，应当及时通知品牌商律师，以便品牌商进一步调查。

此外，对于商家账户被清零后，资金转入 PayPal 公司的情况。PayPal 公司表示，PayPal 作为第三方，当收到法院给予的临时限制令后，必须根据法院要求对相应的账户予以冻结，如果收到法院判决书，则会根据要求扣除赔偿金，并根据法院要求汇入指定账户。"商家若有疑问，可以参照法院执行令，或者咨询我们的客服人员。"

业内人士介绍，PayPal 打击销售假冒仿牌产品由来已久，早期涉及的侵权行为多数是由品牌商直接向 PayPal 反映的，或者是 PayPal 自行查出结果的。一般情况下，冻结半年（180 天）即可解封。然而，此次则是品牌商直接授权律师事务所进行处理，并将所谓的"证据"提交给相关法院。

3. 跨境物流

总体来讲，跨境电商零售出口的物流模式适合包裹"小量、多频、低额"的情况。目前，在物流和流通领域出台的相关文件中，《关于加快流通领域电子商务发展的意见》提出了跨境物流的发展目标；《关于实施支持跨境电子商务零售出口有关政策的意见》在海关、检验检疫等流通领域提出了相关解决措施；《关于跨境贸易电子商务进出境货物、物品有关监管事宜的公告》对跨境物品进出口监管的多方面提出了相应的要求，特别是在企业登记与备案、货物管理等方面。

目前，我国在跨境电子商务零售出口中与国际物流相关的法律包括《消费者权益保护法》《海商法》《民用航空法》《铁路法》《反不正当竞争法》等，但这些法律都不能很好地满足跨境物流在商品运输安全、信息保护、退换货纠纷等方面的诉求，同时我国也缺少功能完备、体系完整、整合全球物流信息的一站式跨境出口物流平台服务商，缺少能够集成优化通关、仓储、配送等环节并高效融合各方信息的物流平台。

4. 商检通关

在通关领域，通关手续较为烦琐。例如，集货模式中，在订单达成之后，货物先进入保税区，集结一批货物之后再统一发货，大大减缓了国际物流的速度。而在发生退货时，消费者所在国需要将此计入出口，这就需要重复办理通关手续并缴纳相关费用。在司法依据方面，目前我国主要依据《海关法》进行执法，但是可依据的法律与可参照的较为详备的实施细则较少，难以应对数量和种类众多、批次较多的零售业情形。在商检质检领域，现行商检法很难应对跨境零售模式的发展。一是面对种类多、来源复杂、批次多的跨境货物，一方面，很难一一进行检查，违禁物品通过跨境电商渠道流通时有发生，尤其是带有疫病疫情风险的商品，质量风险大大提升；另一方面，按照传统的检验检疫标准，手续较为繁杂，易造成通关效率低下。二是当商品流通到海外后，却发生产品事故或疫情等紧急情况，对产品的召回较为困难。综上，检验的标准与门槛需通过立法进行调整。质量监管部门对我国跨境电商出口货物进行的监管，很重要的一个方面是确保产品质量的可追溯性，但目前还缺乏相关的法律。

5.税收

目前我国主要依据《海关法》《个人所得税法》《税收征收管理法》等法律来落实跨境电商征税,《关于跨境贸易电子商务进出境货物、物品有关监管事宜的公告》对企业"货物清单"、个人"物品清单"等办理免税手续条件做出了规定;《关于调整进出境个人邮递物品管理措施有关事宜》对个人寄到不同国家和地区商品的免征税税额标准及对超出限值的非个人自用物品的退运或按货物要求办理通关手续等做出了规定;《关于实施支持跨境电子商务零售出口有关政策的意见》中专门提出要针对我国跨境出口企业制定新的税收制度,并由相关部门研制对该主体实行的出口退税、增值税、免税条件等政策;《关于跨境电子商务零售出口税收政策的通知》对出口企业的消费税、增值税等的退免条件等提出了相关的税收细则。但从总体上看,这些法律往往比较宽泛,尚不能有效适应新的经济发展要求,我国目前尚未颁布专门针对跨境电商出口的税收法律。

三、跨境电商知识产权保护

目前我国在知识产权保护方面的法律法规主要以单行法的方式出台,《网络交易管理办法》对经营者不侵犯他人企业名称与商标等侵犯知识产权的内容、免受以上条款的商品及平台的责任进行说明;《反不正当竞争法》对不得从事的网络破坏知识产权的活动进行了明确的说明,如未经同意不得使用相关网站特有域名、未经授权不得使用相关团体的电子标志等;《侵权责任法》对网络第三方平台上相关企业的知识产权保护做出规定;《企业知识产权管理规范》系统、全面地规定了企业知识产权管理体系的各要素;《知识产权海关保护条例》主要赋予了海关对出入境商品的知识产权实施保护的权利;其他相关法律还包括《商标法》《专利法》《著作权法》等。

1.全球速卖通的知识产权规则

全球速卖通(AliExpress)于2010年4月正式上线,是阿里巴巴旗下唯一面向全球市场打造的在线交易平台,被广大商家称为"国际版淘宝"。全球速卖通面向海外买家,通过支付宝国际账户进行担保交易,并使用国际快递(EMS、UPS、DHL、FedEx、顺丰、国际e邮宝、DHL Global Mail 及中国香港邮政航空包裹和中国邮政航空包裹等)发货,是全球第三大英文在线购物网站。全球速卖通能够帮助中小企业接触终端批发零售商,小批量、多批次快速销售,拓展利润空间。

在全球速卖通平台,严禁用户未经授权发布、销售涉及第三方知识产权的商品,包括但不局限于以下三大类。

①商标侵权:(严重违规)未经商标权人的许可,在相同或类似的商品上使用与核准注册的商标相同或相近的商标,以及(一般违规)其他法律规定的损害商标权人合法权益的行为。

②著作权侵权：（严重违规）未经著作权人许可，复制其作品并进行发布或销售，包括图书、电子书、音像作品或软件等，以及（一般违规）其他法律规定的损害著作权人合法权益的行为。

③专利侵权：未经专利权人许可，实施了依法受保护的有效专利的违法行为（一般违规或严重违规的判定视个案而定）。

权利人若想在全球速卖通平台主张自己的知识产权，首先需要在知识产权保护系统（IPP）在线提交资质验证，在发现涉嫌侵权产品后，在该系统进行投诉。平台接收到权利人的投诉后，会将投诉通知商家，要求商家在指定的时间内停止侵权行为（商品下架及删除商品、Listing 信息）或发起反通知，平台根据投诉内容和反通知内容判断侵权行为是否成立。商家可以在知识产权保护系统（IPP）中提交反通知，在规定时间内未发起反通知或虽发起反通知但反通知不成立的，平台给予相应的处罚。处罚规则包括：三次严重违规的，关闭账号；一般违规的，首次扣 0 分，其后每次扣 6 分，累积达到 48 分的则关闭账号。

2. 亚马逊平台的知识产权规则

在亚马逊（Amazon）平台，确保所售产品合法且拥有产权所有人授权是商家的责任，亚马逊平台的知识产权侵权类型与速卖通的基本一致，在此不再赘述。权利人若想在平台上主张自己的知识产权，可以通过亚马逊的"Reports"→"Infringement"页面进行投诉，这里支持知识产权权利人或其代理人进行投诉；还可以通过亚马逊后台"Get Support"→"Report a Violation"进行投诉，这里仅支持在亚马逊有备案（品牌备案、专利备案）及有账号的权利人进行投诉。

通过"Reports"→"Infringement"页面进行投诉的，亚马逊会给商家转送邮件，其性质与律师函相似，是一种警告。此时，亚马逊不会参与侵权的纠纷处理，需要商家自行与权利人联系。商家与权利人的协商时间一般没有限制，也不会强行删除商品或 Listing 信息。协商成功后，由权利人撤回投诉。

而在亚马逊的"Get Support"→"Report a Violation"页面提交的投诉，亚马逊会给商家发送邮件并在商家的账号中发送通知，以通知其移除侵权链接，该邮件中包含了知识产权人的联系方式。商家收到投诉后：

①可以直接停止侵权行为（商品下架，删除商品和 Listing 信息）。

②也可以与邮件中的知识产权所有人联系，进行协商，取得良好协商结果（同意授权，同意该物品不构成侵权等）后，由商家将结果提交给亚马逊。

③还可以在规定时间内提交申诉，亚马逊会根据提交的申诉文件判断权利人的投诉是否成立。

针对知识产权侵权行为，投诉成立的，亚马逊除了会移除商家所刊登的被知识产权人所举报的商品，还会根据商家被举报的次数和情节的严重程度做出以下处罚：降低信用等级、限制或冻结账户（尤其是冻结资金）。

3. eBay 平台的知识产权规则

eBay 平台同样也严禁商家未经授权发布、销售涉及第三方知识产权的商品，其要求和速卖通相似。权利人若想在 eBay 平台主张自己的知识产权，可以通过联系 eBay 或通过 VeRO（Reporting an Infringement 页面）进行举报。此外，eBay 还为参加了 VeRO 计划的权利人创建了"About Me"页面，若你不是权利人，则可以通过该页面联系到权利人，让权利人来向 eBay 举报涉嫌侵权的商品。

平台接收到权利人的举报后，会给商家发送邮件以通知其移除侵权链接，该邮件中包含了知识产权人的联系方式。商家收到举报后：

①可以直接停止侵权行为（商品下架，删除商品和 Listing 信息）。

②可以与邮件中的知识产权所有人联系，进行协商，取得良好协商结果（同意授权，同意该物品不构成侵权等）后让知识产权人与 eBay 联系。

③可以通过 VeRO（E-mail US）与 eBay 客服取得联系，说明情况。商家在接到举报后，没有在规定的时间内处理的，平台将直接删除侵权商品等的链接。

需要注意的是，eBay 与速卖通不同，不会对是否构成侵权做出实质性（是否近似）判断，如果认为知识产权人举报错误，一般需要直接联系知识产权人。

针对知识产权侵权行为，投诉成立的，eBay 除了会移除商家所刊登的被知识产权人所举报的商品，还会根据被举报的次数和情节的严重程度对商家做出以下处罚：没收 eBay 费用、限制或冻结账户（重复地被举报）、取消"超级商家"资格。此外，如果违反 eBay 知识产权规则的次数较多，则 eBay 会要求卖家去参加知识产权考试，完成考试将得到相对应的评分，评分达标后才可以正常发布商品信息。

4. Wish 平台知识产权规则

（1）严禁出售伪造产品

这一点比国内的大部分贸易平台严苛，会有严格的审核过程。Wish 平台对于模仿或影射其他方知识产权的产品是直接严禁销售的。如果商户推出伪造产品进行出售，这些产品将被清除，并且其账户将面临罚款，可能还会被暂停。

（2）严禁销售侵犯另一个实体的知识产权的产品

在保护知识产权方面，Wish 平台的坚定决心还表现在：审核销售品，不仅杜绝赝品，还禁止商户销售的产品图像、文本侵犯其他方的知识产权。这包括但不限于版权、商标和专利。如果商户列出侵犯其他方知识产权的产品，则这些产品将被清除，并且其账户将面临罚款，可能还会被暂停。

（3）商家有责任提供产品的销售授权证据

有些商家会碰到判定自己的产品是伪造或侵权的情况，此时需要商家配合举证。即判定产品是伪造的或侵犯了知识产权，商家有责任提供所销售产品的授权证据。如果是合法的授权证据，则平台会予以认可，但是如果商家对所销售的产品提供错误或误导性的授权证据，那么其账户将被暂停。

（4）对伪造品或侵犯知识产权的产品处以罚款

Wish 平台会对商家所发布的全部产品进行审核，判断该产品是否违反了平台规则，是否属于伪造品，是否侵犯了知识产权。如果发现某款产品违反了 Wish 平台的政策，则会将其删除。

（5）对已审批产品处以伪造品罚款

为了防止商家在更改产品信息之后发布侵权产品，在商家发布过产品之后，再更改产品名称、产品描述或产品图片的，经过审批的产品也要再次审核，看其是否为伪造品或是否侵犯了知识产权。在产品复审期间，产品正常销售。如果在编辑后发现某款产品违反了 Wish 平台的政策，商家可能会被处以 100 美元的罚款，同时此产品将被删除，且所有付款将被扣留。

Wish 平台规则概括起来主要有两点：首先，商家应始终向 Wish 平台提供真实、准确的信息；其次，商家应尽快向买家交付订单。

 **拓展阅读**

Wish 教你正确应对知识产权侵权

1. 被诉侵权后如何处理

（1）甄别侵权属于哪一种

目前商家收到的侵权警告包括跨境电商平台自检、权利人在平台的投诉、法院起诉（TRO）三种形式。不同的侵权警告有不同的法律效应，当然也应采取不同的对应措施。

面对平台自检结果或权利人在平台投诉的情况，商家可通过申诉渠道进行申诉；至于法院起诉，通常会收到两类通知：一类是 Wish 平台的侵权通知，另一类是原告律师的侵权邮件通知。

（2）通过通知获取侵权产品和案件信息

通过平台通知或原告律师的邮件通知，商家可获取侵权产品信息和案件信息。

（3）将获取到的关键信息交给律师进行评估

建议商家将获取的信息交给专业的律师进行评估，判断是否为真实侵权和是否存在不侵案的抗辩事由，追踪案件的进程，了解原告律师的情况及和解金标准。

此外，针对美国法院的起诉，法院判决基于美国的商标专利权益，商家仅需根据在美国的销售量判断侵权程度即可。

2. 被起诉后需注意的事项

（1）商家误以为被起诉的是资金账户，而非店铺

原告起诉的是侵权行为，即商品的上架、销售等经营行为侵犯了原告的知识产权，由于店铺关联某个资金账户进行收支，所以法院才会要求对资金账户采取冻结等措施。

（2）商家混淆被诉产品

鉴于部分商家自检发现可能侵犯他人知识产权的，往往会在原告发起诉讼前下架众多产品，导致最后被告侵权后不确定哪款产品被告侵权。

（3）同一侵权行为被两个律所代理起诉

一家店铺因销售同一侵权产品，先后被两家律所代理起诉。同一侵权行为不得被起诉两次,属于错误起诉。商家可联系第二家代理律所,要求其向法院撤销起诉。

（4）同一品牌会持续分批次起诉

建议商家多关注频繁维权的品牌,这样可极大地避免再次侵权。

（5）同一品牌由多家代理律所代理

同一品牌往往由多家代理律所进行代理。对于各大品牌的维权事件,往往由多个代理律师主动寻找侵权行为并起诉,这也解释了为何同一品牌会被多个律所起诉。

3. 如何避免再次侵权

（1）了解常见维权方的知识产权（商标、专利及版权）

①避免被同一权利人除商标之外的专利、版权起诉。

②避免被同一权利人的其他品牌再次起诉。

（2）了解可能侵权形式（商标、专利和版权）

略。

（3）防止专利侵权

①查询产品是否申请专利,可通过专利号、申请人名称等查询。

②与供应商确定产品来源,要求提供合法有效的专利证书。

③要求供应商提供发票、合同和进货单据。

（4）防止商标侵权（版权侵权）

①不随意使用与产品不相关的词汇描述产品。

②关注产品的图案和文字,避免涉及图形商标侵权。

（5）注册自己的商标专利及版权

①注册正在使用的商标,避免因抢注而侵权。

②及时对自己的设计或改良的设计申请专利。

业务操作

任务一 跨境电商知识产权案例分析

2016年1月4日,美国婚纱礼服产业协会（ABPIA）联合Allure Bridals、Alyce Designs、Jovani Fashion、La Femme Boutique、Mon Cheri Bridals、Mori Lee、Sydne's Closet、Promgirl,向美国伊利诺伊州东北区地方法院提起了诉讼,控诉中国3000多家跨境电商独立站（以经营婚纱礼服为主）采用了它们的产品图片和商标,销售假冒产品,侵犯了知识产权。

在起诉书中,原告称被告违反了Lanham Act, 15U.S.C. §1114、Lanham Act, 15 U.S.C. §1125（a）、Lanham Act, 15 U.S.C. §1125（d）、Copyright Act, 17 U.S.C. §501、Illinois Uniform Deceptive Trade Practices Act, 815 ILCS §510, et seq.这5条法律规定,侵犯了原告的商标和知识产权,造成不正当竞争及网络侵权等。

原告于2016年1月13日向法院提议实行临时限制令（TRO）,要求转移被告网站域名、临时冻结被告资产,并责令被告停止制造和销售假冒产品。随后法院批准了这一限制令提议,于1月13日至27日期间执行。

另外，原告联系了专家证人和第三方支付服务商，冻结了被告金融账号，转移和暂时禁用被告的网站。之后原告要求延长 TRO 期限，法院表示将在 2 月 10 日举行 TRO 听证会。

而在 TRO 生效期间，众多被告联系法院，称原告没有做到尽职调查，导致业务被错误限制。在听证会举行前，原告移除了 300 多个被告名单。

因此，在 2016 年 2 月 10 日的听证会上，法院根据上述事实，认为原告没有做到尽职调查，驳回了原告延长限制令的请求，并结束了临时限制令。

雨果网了解到，原告还在 2016 年 1 月 20 日提出初步禁令，法院在 1 月 25 日举行了相关的听证会。3 月 10 日，原告提出了修改版初步禁令，一并提交的还包括 Jon Liney 和 Suren TerSaakov 两人的支持声明。然而，法院认为原告将 3000 多名被告混为一体，没有证明所有被告侵权的事实依据。

法院认为，在 Jon Liney 的声明中，并没有明确指出哪些被告出售假冒婚纱产品；Suren TerSaakov 公司的反假货软件只是一个调查工具，无法提供证据。因此二者都没有提供足够的事实依据和法律依据，也不能用于追究被告责任。

问题：婚纱行业中，常见侵权形式有哪些？

任务二 Wish 平台知识产权规则应用

工作任务：

以 AA 文具（见图 7-4）为例，设计其从传统外贸企业转型跨境电商企业的路径。

实例解析：

Wish 对销售仿品的行为秉持严格的零容忍政策。在 Wish 创建并销售真实可信、带有品牌标志的产品前，商户有义务提供相关授权证明。另外，产品不可侵犯 Wish 或任何第三方的知识产权。不允许未经授权而使用受版权保护的资料，包括已注册商标和/或专利。上传侵权产品的，或出售未经授权的正版商品或使用其他侵权材料的，将被罚款和/或移除。

操作步骤：

（1）查阅 Wish 商户后台 https://merchantfaq.wish.com/hc/zh-cn。

（2）查找 Wish 知识产权政策。

（3）分析下列产品侵权的原因。

图 7-4 AA 文具

项目小结

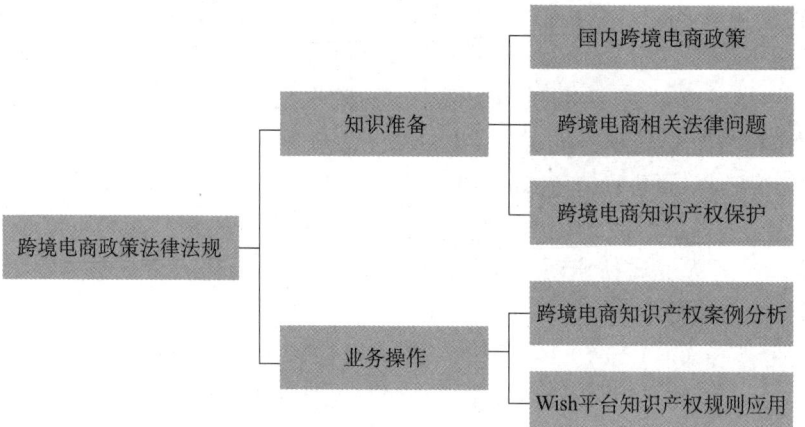

课后思考题

（1）跨境电商知识产权类型有哪些？
（2）常见的跨境电商侵权行为有哪些？
（3）跨境电商税收政策是如何演变的？

项目八

跨境电商创业体验

 学习目标

知识目标

- 了解跨境电商创业的基本要求
- 熟悉跨境电商企业核心岗位及职责

能力目标

- 能开设跨境电商店铺
- 能开展跨境电商基本运营
- 能够胜任在线客服

典型工作任务

任务一　装修跨境电商店铺
任务二　运营跨境电商店铺

导入案例

在校大学生跨境电商创业之旅

1. 创业初始——创立校内工作室

王某是某校国贸专业2014级学生，在校期间接触了速卖通，然后与另一个同学一起申请在校内创立了自己的工作室，于2014年11月开始了速卖通创业之旅。店铺初创时期选择了孕婴童这个当时的"蓝海"类目，这一类目是国外需求量大、国内采购成本低，对于起步资金较少的学生来说是比较理想的类目。在店铺初创时期无休止地上传产品信息，最多的时候每人每天上传过上百个产品的信息，尽管这样，初期每周也只成交 1 单。这样的情况持续了两个来月，之后才有了起色。

2. 工作室发展——订单爆发

随着工作室订单的稳步增加，铺货时除了数量的要求，最重要的还有质量。成员慢慢开始重视并利用数据纵横等平台工具去分析自己的店铺和产品，进一步优化产品，调整运营策略，提高转化率。从每周 1 单到每天 5 单、50、100 单，到 2016 年的"双 11"收到了 2000 个订单。而进货渠道也有变化：店铺创立初期，产品来自 1688 网站；店铺成熟后，产品大多来自批发市场进货乃至直接从工厂订货。

3. 成熟的团队——成立公司

到 2017 年 1 月为止，从开始的 2 人团队发展成 7 人公司，分工明确、各司其事，月入 6000 美元左右，同时拥有两个自有品牌，与三家工厂保持长期业务往来。

4. 双赢——创业学习两不误

创业期间工作室还为校内的其他学生提供工学结合岗位和供速卖通运营培训。工作室的团队先后参加了 2015、2016 年的省级跨境电商创业大赛，斩获两个一等奖。实现了创业期间的双赢——工作、学习两不误。

启示：

抓住机会：做好市场调查，选择适合自己的平台，2014 年速卖通平台已经有了一定的发展，但是平台的招商政策是比较有利于商家的，对于那时的创业者来说，平台准入门槛低，入驻免费，成交收取 5% 的手续费，同时海外市场对童装需求非常大，本案例中的创业者很好地抓住了机会，开始了自己的创业之路。

选对行业：根据市场需求及自身在成本与供货上的优势去选择相关的行业和产品，当然最好选择那些竞争小、需求大的"蓝海"行业和产品。

充分利用平台工具：案例中的创业者利用速卖通平台工具去分析自己的选品是否合适，以及哪里还需要优化，在不断铺货的前提下，优化产品，提升店铺流量，提高转化率。

结合自身优势：每个人的情况不同，可以根据自己的情况去设定自己的创业方向和创业方式，本案例中的创业者结合自己在校的实际情况，开设速卖通相关课程进行学习，而后创业，同时利用在校的优势申请开设校内的工作室，降低了很多成本，特别是厂地租赁成本。

灵活调整策略：创业的过程并不是一成不变的，所以在店铺发展的不同阶段应采取不同的策略，如案例中在进货渠道上，在不同时期就有所调整，在初期量少的情况下从 1688 网站拿货，量起来了之后开始去市场批发，最后开始直接找工厂定制，通过这样的方式压缩自己的成本，扩大利润空间。

所以从大的方面来说，在创业过程中要做好市场调查，根据自身的条件抓住机会，充分利用自己周围的各种资源，投入最大的心力，这样才能在自己的创业路上走得又稳又远。

知识准备

创业是极具挑战性的社会活动，是对创业者智慧、能力、气魄、胆识的全方位考验。

大学生要想获得创业成功，必须具备基本的创业素质。创业基本素质包括创业意识、创业心理品质、创业精神、竞争意识等。

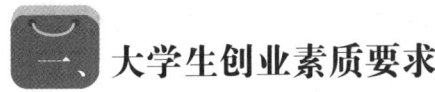 大学生创业素质要求

1. 强烈的创业意识

要想取得创业成功，创业者必须具备自我实现、追求成功的强烈的创业意识。强烈的创业意识可帮助创业者克服创业道路上的各种艰难险阻。创业的成功少不了思想上的长期准备，事业的成功总是属于有思想准备的人，也属于有创业意识的人。

2. 良好的创业心理品质

创业之路是充满艰险与曲折的，自主创业就等于一个人去面对变化莫测的激烈竞争及随时出现的需要迅速解决的问题和矛盾，这需要创业者具有非常强的心理调控能力，能够持续保持一种积极、沉稳的心态，即有良好的创业心理品质。这是对创业者的创业实践过程中的心理和行为起调节作用的个性心理特征，它与人固有的气质、性格有密切关系，主要体现在人的独立性、敢为性、坚韧性、克制性、适应性、合作性等方面，它反映了创业者的意志和情感。创业的成功在很大程度上取决于创业者的创业心理品质。

3. 自信、自强、自主、自立的创业精神

自信就是对自己充满信心。自信心能赋予人主动积极的人生态度和进取精神，不依赖、不等待。信念是生命的力量，是创立事业之本，信念是创业的原动力。要相信自己有能力、有条件去开创自己未来的事业，相信自己能够主宰自己的命运，成为创业的成功者。

自强就是在自信的基础上，不贪图眼前的利益，不依恋平淡的生活，敢于实践，不断增长自己各方面的能力与才干，勇于使自己成为生活与事业的强者。

自主就是具有独立的人格，具有独立性思维能力，不受传统和世俗偏见的束缚，不受舆论和环境的影响，能自己选择自己的道路，善于设计和规划自己的未来，并采取相应的行动。

21世纪的青年人应该早立、快立志向，自谋职业，勤劳致富，建立起自己的事业。

4. 竞争意识

竞争是市场经济最重要的特征之一，是企业赖以生存和发展的基础，也是一个人立足社会不可缺乏的精神。人生即竞争，竞争本身就是提高，竞争的目的只有一个——取胜。随着我国社会主义市场经济从低级向高级发展，竞争越来越激烈。从小规模的分散竞争发展到大集团的集中竞争；从国内竞争发展到国际竞争；从单纯产品竞争发展到综合实力的

竞争。因此，创业者只有敢于竞争、善于竞争，才能取得成功。

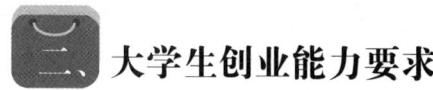 大学生创业能力要求

1. 决策能力

决策能力是创业者根据主客观条件，因地制宜，正确地确定创业的发展方向、目标、战略及具体选择实施方案的能力。决策是一个人综合能力的表现，一个创业者首先要成为一个决策者。创业者的决策能力通常包括：分析、判断能力和创新能力。大学生要创业，首先要从众多的创业目标及方向中进行分析比较，选择最适合发挥自己特长与优势的创业方向和途径、方法。在创业的过程中，能从错综复杂的现象中发现事物的本质，找出存在的真正问题，分析原因，从而正确处理问题，这就要求创业者具有良好的分析能力。

2. 经营管理能力

经营管理能力是指对人员、资金的管理能力。它涉及人员的选择、使用、组合和优化；也涉及资金聚集、核算、分配、使用、流动。经营管理能力是一种较高层次的综合能力，是运筹性能力。经营管理能力的形成要从学会经营、学会管理、学会用人、学会理财几个方面去努力。

（1）会经营。创业者一旦确定了创业目标，就要组织实施，为了在激烈的市场竞争中取得优势，必须学会经营。

（2）会管理。要学会质量管理，要始终坚持质量第一的原则。质量不仅是从事物质生产工作的生命，也是从事服务业和其他行业工作的生命，创业者必须严格树立质量观。要学会效益管理，要始终坚持效益最佳原则，效益最佳是创业的终极目标。可以说，无效益的管理是失败的管理，无效益的创业是失败的创业。要做到效益最佳，要求在创业活动中人、物、资金、场地、时间的使用，都要选择最佳方案运作，做到不闲人员和资金、不空设备和场地、不浪费原料和材料，使创业活动有条不紊地运转。学会管理还要敢于负责，创业者要对本企业、员工、客户及对整个社会都抱有高度的责任感。

（3）会用人。市场经济的竞争是人才的竞争，谁拥有人才，谁就拥有市场、拥有客户。一个学校没有品学兼优的教师，这个学校必然办不好，一个企业没有优秀的管理人才和技术人才，这个企业就不会有好的经济效益和社会效益，一个创业者不吸纳德才兼备、志同道合的人共创业，创业就难以成功。因此，必须学会用人，要善于吸纳比自己强或有某种专长的人共同创业。

（4）会理财。学会理财首先要学会开源节流。在创业过程中除抓好主要项目创收外，还要注意广辟资金来源。节流就是节省不必要的开支，树立节约每一滴水、每一度电的思想。大凡百万富翁、亿万富翁都是从几百元、几千元起家的，都经历了聚少成多、勤俭节约的历程。其次，要学会管理资金。一是要把握好资金的预决算，做到心中有数；二是要

把握好资金的进出和周转,每笔资金的来源和支出都要记账,做到有账可查;三是把握好资金投入的论证,每投入一笔资金都要进行可行性论证,有利可图才投入,大利大投入、小利小投入,保证使用好每一笔资金。总之,创业者心中时刻装有一把算盘,每做一件事、每用一笔钱,都要掂量一下是否有利于事业的发展,有没有效益,会不会使资金增值,这样才能理好财。

(5)讲诚信。就大学生个人而言,诚信乃立身之本,"言而无信,不知其可也。"创业者在创业过程中,如果不讲信誉,就无法开创自己的事业;失去信誉,就会寸步难行。诚信,一是要言出必行;二是要讲质量;三是要以诚信动人。

3. 交往协调能力

交往协调能力是指能够妥善地处理与公众(政府部门、新闻媒体、客户等)的关系,以及能够协调下属各部门成员之间关系的能力。创业者应该妥当地处理与外界的关系,尤其要争取政府部门、工商及税务部门的支持与理解,同时要善于团结一切可以团结的人,团结一切可以团结的力量,求同存异,共同协调发展,做到不失原则、灵活有度,善于巧妙地将原则性和灵活性结合起来。总之,创业者搞好内外团结,处理好人际关系,才能建立一个有利于自己创业的和谐环境,为成功创业打好基础。

4. 创新能力

创新是知识经济的主旋律,是企业化解外界风险和取得竞争优势的有效途径,创新能力是创业能力的重要组成部分。它包括两方面的含义:一是大脑活动的能力,即创造性思维、创造性想象、独立性思维和捕捉灵感的能力;二是创新实践的能力,即人在创新活动中完成创新任务的具体工作的能力。创新能力是一种综合能力,与人们的知识、技能、经验、心态等有着密切的关系。具有广博的知识、扎实的专业基础知识、熟练的专业技能、丰富的实践经验、良好的心态的人容易具备创新能力,创新能力取决于创新意识、智力、创造性思维和创造性想象等。

三、跨境电商创业知识和技能

1. 选择跨境电商平台

做跨境电商有许多平台可以选择,而对于国内的诸多跨境电商卖家而言,主要的选择有速卖通、亚马逊、eBay 及 Wish 四大主流跨境电商平台,这些主流跨境电子商务平台各有特点,对于创业团队来说,如何选择最适合自己的跨境平台是必须认真思考的一件事情。

(1)亚马逊

亚马逊设立全球站点,其中欧美地区最为火热,是目前跨境卖家最多的平台,投资最大，需要 FBA 海外仓，新卖家需要大量广告投入。对有拓展全球业务需求的商家而言，尤其是针对美国、英国、德国、意大利、法国、日本、西班牙几个国家的市场，亚马逊是一个不错的选择。亚马逊客户群体庞大，活跃用户有 3.1 亿个，产品种类丰富，在售数量逾 3.53 亿。FBA 是亚马逊提供的一项特色服务，卖家支付一定费用后便可以将产品运送至亚马逊仓库，亚马逊将包揽从装运到客户服务的所有业务。

（2）速卖通

速卖通在 2010 年 4 月正式上线，是阿里巴巴旗下唯一面向全球市场的在线交易平台，被广大卖家称为"国际版淘宝"。全球速卖通面向海外买家，通过支付宝国际账户进行担保交易，并使用国际快递发货，是全球第三大英文在线购物网站。全球速卖通是阿里巴巴帮助中小企业接触终端批发零售商、小批量多批次快速销售、拓展利润空间而全力打造的融合订单、支付、物流为一体的外贸在线交易平台。

（3）eBay

eBay 设全球站点，在欧美地区应用广泛，后台可选各种站点，重视平台规则，个人和公司都可以入驻，各种账号的上架额度不同，新卖家额度较低。eBay 也是最大的电商网站之一，拥有 23 个国际站点，并在全球 100 多个国家开展业务——仅在 2017 年，eBay 卖家达到 670 万个，在全球 190 个国家和地区的市场销售产品。eBay 的商业模式更像是促进第三方和卖家之间销售的拍卖行。对于小型企业来说，这是个创造稳定收入的绝佳平台。其历史有 20 多年，新品、二手货甚至独一无二的产品都能在这里找到。就销售而言，它起初主营二手货，经过发展，目前 eBay 上销售的新品占 81%，卖家主要是想在实体店和自建站之外拓展业务的中小企业。

（4）Wish

Wish 平台主要面向欧美地区发达国家，个人和公司都可以入驻，适合铺货，品牌和侵权问题严重，自发货 1+1 模式很火爆，客单价低。成立于 2010 年的 Wish 专注于折扣产品和移动购物。Wish 平台拥有卖家 100 万个，销售商品超过 2 亿件，这着实令人印象深刻。其独特的商业模式基于折扣产品，有时折扣率高达 90%。直接从制造商采购，发货期为一个月，因此才能有这样的折扣力度。Wish 一直非常成功，eBay 和亚马逊都推出了特殊板块"Under $10"，旨在与 Wish 的折扣价格展开竞争。

（5）欧洲电商平台

欧洲市场是非常巨大的，像亚马逊这些电商巨头也在欧洲布局，开设站点。但欧洲本地也有一批优质的电商平台；因为欧洲国家众多，语言众多，所以相对来说本土平台占优势，Cdiscount、Fnac、Darty、ePRICE、Factorymarket、乐天德国站、乐天法国站等都不错，目前也对中国招商。

（6）美国电商平台

美国是电商的发源地，除了亚马逊、eBay 这些国际巨头，也存在着一大批优质的电商平台。如果想做美国市场，可以了解这些美国本土电商平台：美国新蛋 Newegg（华人成立的品牌）网上零售商，主营3C、智能家居、游戏周边、汽配等品类；Opensky，这个平台主营服饰、家居、电子、珠宝、美妆、首饰及健身器材；还有Buy.com，现在被乐天收购，变成了乐天美国站。

（7）俄罗斯电商平台

俄罗斯面积大，人口也多，目前还没有真正的电商巨头，其中Yandex是俄罗斯最大的科技公司，现在也在进军电商行业；Ozon.ru绝对是俄罗斯电商的黑马，发展不错；阿里的速卖通在俄罗斯也占有非常大的市场份额。

（8）东南亚地区的电商平台

因为各种原因，东南亚地区的电商水平比我国落后，但东南亚人口基数比较大，毕竟人口排名第四的印尼就在东南亚，因生产和科技水平满足不了市场需求，很多商品都依赖进口。但因为国家众多，语言不同、风俗习惯不同，物流成本高，这些也是目前的难题。但各大巨头都认为这是电商的新风口，所以纷纷布局东南亚。比如，京东印尼站，2016年开始运营，发展得不错；Qoo10，在新加坡站发展很好，是新加坡的第一大电商平台；Zilingo时尚电商平台，总部位于新加坡，是一个为东南亚市场建立的时尚生活电商平台。

2. 注册店铺

（1）准备材料

最基本的就是注册邮箱，因为每个店铺账号基本都是邮箱，建议不要使用国内的邮箱，可统一使用国外邮箱（Outlook、Gmail等），因为国内邮箱收发邮件不稳定。东南亚的平台可以考虑使用QQ邮箱。

以企业卖家入驻的话，就需要准备营业执照和企业账号，如果以个人卖家入驻，则需要提供身份证。

接下来是选择确定收款方式，常用的方式包括PayPal、Payoneer、Pingpong及WF等。通过官网注册之后即可使用，不过有些平台会收取月费，这样就需要后台关联一张双币信用卡，用于扣费。

（2）提交审核

在各平台官网提交入驻材料后等待审核。每个平台都有审核周期，具体的审核方式也都不一样。审核成功之后就可以开始选品上架了。

3. 跨境电商选品采购

（1）热销商品分析

跨境电商经营者首先要从客户的角度来了解目标客户的生活，了解他们的生活场景，分析目标客户可能青睐的产品。我们可以通过Facebook、Pinterest等社交媒体去研究目标客户群体所发的内容，通常而言，人在社交媒体上所发布的内容都是真实生活的反映，通过研究这些内容可以深入了解目标客户的需求。如果目标客户群体难以把握，卖家也可以通过谷歌关键词规划师这样的工具去挖掘产品的创意点，通过行业热词进行长尾关键词挖掘，了解产品在搜索引擎上被搜索的具体需求。还有一种方式是研究平台的热搜词、首页推荐产品等，像亚马逊、eBay等平台都会根据平台活跃用户的行为数据进行产品推荐，这些产品基本都是热销品。

（2）商品生命周期分析

每个商品在营销过程中都有自己的生命周期，根据不同的周期，卖家可以合理投入推广资源。首先要给目标商品进行分类，通常一个店铺下的商品会有热销、主打、引流款等分类，商品的生命周期可以作为分类的评判标准之一。其次是制定运营规划，处于不同生命周期的商品的推广力度不同，如流行热销品的生命周期比较短，因此可以短时间促销。

（3）确定商品库存

经过前两个步骤可以确定一个待采购产品列表，并且确定产品生命周期及分类。这样就可以确定库存了。

（4）确定供应商

在确定了销售的商品后就需要寻找供应商进行采购了。供应商分为制造商、批发商和分销商三种类型。能够找到制造商是最好的，因为制造商可以根据卖家的要求定制产品，而批发商或分销商则只能帮卖家联系生产销售产品的制造商进行采购，中间多了一个环节且成本更高。

（5）一件代发业务

一件代发业务是一种销售模式，如果卖家所销售的产品是现货产品或从制造商处定制的产品，可以考虑通过一件代发业务来销售。使用一件代发业务，在整个销售过程中，卖家都没有实际接触产品，也不需要库存，而是将客户已产生的订单转给制造商或类似环球华品这样的全球一件代发分销平台，后者直接将产品快递给客户。

跨境电商卖家在寻找供应商的时候通常可以找很多家，但如何从众多供应商中选到最优的，主要应考虑以下几点：

① 供应商是否有最低订单量要求。
② 供应商是否需要卖家提供仓库。如果需要且产品的利润比一件代发业务更好，则可以选择。
③ 供应商的物流方式和费用。
④ 供应商的发货周期。
⑤ 供应商的售后服务能力。

4. 商品上架（以速卖通平台为例）

（1）选择类目

在填写产品属性的时候一定要填全、填正确，因为不同的类目会有不同的产品属性，属性填写率尽量达到100%，这有助于增加曝光机会。产品属性必须正确地与所发布的产品对应。

（2）填写标题

标题格式是核心词（必填）+属性词（必填）+流量词（可多个），最好128个字符都填满，核心词一定要放在最前面。一般来说，选择好热搜词之后，选取自家产品的类目，去掉品牌词、小语种词、和产品不相关的词，再按成交指数排序，最后分析出核心词、属性词和流量词。特别要提醒的是，属性词也可以作为选品参考，关键词可以采用"属性词+关键词"的形式，单词一定要拼写正确，否则用户无法搜索到。

（3）产品定价

目前速卖通平台所有类目的手续费均为8%，联盟营销佣金3%起。以10%的利润为例，常见的定价模板有两种。

第一种是不考虑3%联盟佣金的情况下，（定价=产品成本+运费）/0.9/（1-0.08）/汇率。

第二种是考虑3%联盟佣金的情况下，（定价=产品成本+运费）/0.9/（1-0.08-0.03）/汇率。

同时，我们在定价时一定要考虑店铺活动、促销等情况。

（4）产品详情页编辑

详情页编辑的好坏直接影响转化率、订单、销售额。首先描述产品时要尽量用文字，并且一定要短、要简单，其次必须保持页面整洁、简单有序、有吸引力（如添加好评截图、授权证书、生产车间的图片等）。再次是创造稀缺感，稀缺是刺激人们购买的强大因素之一，所以如果买家看到东西这么稀缺，更容易迅速下单。最后细节图片数量控制在6张左右，最多不要超过15张，图片过多会导致在手机端打开产品时速度过慢，造成买家体验不好。

5. 店铺装修

装修店铺、运费模板、服务模板等都是必须做的，有条件的创业团队可以聘请专业的美工来做，也可以找一些能提供产品精修图片的厂家，这样可以省很多力气。

一个完整的店铺装修大体分为店铺首页、产品详情页、无线端首页这三方面。如果这三方面都不能给买家一个好的感受和体验，那么买家怎么去信任产品呢？

店铺美工最基础的工作内容就是编辑详情页，完整的详情页应该包括首图海报、产品信息、尺码表、产品展示、颜色展示、细节展示和售后模块。

装修店铺应遵循以下原则。

一是3秒内吸引关注。"看图说话"是网络销售的原则，现在是注意力经济时代，产品页面需要在3秒钟内获得关注，吸引买家留下来继续浏览。产品详情页必须以图片为主，以精简文字为辅。特别是无线端详情页的设计，由于手机浏览的连贯性不如PC端，且买家停留时间短，所以产品详情页必须简单直接，在无线端产品详情页设计中，前三屏必须设置产品卖点和重要信息，不能有烦琐的其他关联信息。

二是遵循 FBA 排序原则。FBA 是 Feature（产品卖点）、Advantage（产品优势）和 Benefit（消费者益处）的缩写。Feature 是产品卖点，重点提炼产品卖点，再辅佐以文字说明，用户可以很直接地了解到产品信息。Advantage 是产品优势，与其他同类产品的差异，比如在设计上将几个重要的数据单拎出来，使用户更容易识别。Benefit 是消费者益处，即给买家带来的利益。

三是模特展示图要少而精。PC 端会把页面做得很长，而无线端页面要做到精简、精选。无线端模特展示图不能像 PC 端一样重复更多的正侧面模特图，或是各种颜色分类的模特图。需要实拍产品展示图和细节图，并精选展示图。

四是提供品牌背书或公司简介。速卖通品牌或公司介绍有助于消除买家对购买产品的疑虑，增强产品的可信度。

另外，店铺装修也包括店铺首页的设计。首页应该包括店招、导航、海报、优惠券、语言栏、橱窗产品和页脚信息等。

6. 营销推广

跨境电商营销分站内营销和站外营销两大类。其中站内营销包括店铺促销和站内付费广告。正常的推广途径是先站内再站外，站内营销在前期对产品和转化率进行测试，风险比较低。站内营销推广时需要关注平台规则、引流策略、费用情况和品质控制。

站外营销部分则主要包括搜索引擎欧化、邮件营销、广告联盟和社交媒体营销 4 种方式。前面相关项目中已经详细阐述，这里不再赘述。

7. 客户服务

第一，要提供优秀的在线客户服务，我们应该对自己经营的产品有非常熟悉的了解，对产品有充分的理解，才可以履行一个在线客户服务的基础功能，就是与客户沟通，引导客户下单交易。对于供应链的理解可以让你在后期的运营中更多地体现自己的核心竞争力。

第二，要成为一个合格的跨境电商在线客户服务，首先应该熟悉运用跨境电商平台的规章制度，如速卖通的招商门槛政策、速卖通的大促团购玩法等，熟悉平台才可以顺应平台发展。其次跨境电商的在线客户服务直接面对客户，所以在线客户服务人员应该对跨境电商的整套流程都非常熟悉，如物流、各国的海关清关等。

第三，需要具备一定的英文的能力。这不仅体现在详细的页面描述中，与客户沟通，特别是与客户有消费纠纷时，有语言优势的客户服务人员更能解决客户的问题。同时，要做好生意，还应该了解目的消费国的风土人情，如做速卖通，就应该熟悉俄罗斯人和巴西人的性格，与俄罗斯人沟通时应避免聊政治问题等；巴西人比较爽快、幽默，但是性格上又比较直接。掌握这些，你就可以更好地与客户沟通，最终提高销售业绩。

第四，跨境电商的在线客户服务人员其实还是一个外贸销售员。好的跨境电商客户服务人员应该具备以下这些能力：分析客户的能力，有些客户是单纯的零售买家，有些是小额批发商，有些甚至是潜力无限的大客户，跨境电商的在线客户服务人员应该通过站内信等方式的沟通，及时判断并发现这些客户，进行差异化对待；引导客户下单的能力，在线客户服务人员通过自己的专业度、自己对于跨境流程的理解，真诚交流，感恩客户下单，最终真正促成订单成交,如果客户不下单,在线客户服务人员还应该通过持续的订单跟进,持之以恒,最终促成订单成交,其实这类原理与传统外贸相通的。

第五,具备引导客户二次下单的能力。在线跨境电商要运营成功,其核心还是靠用户的下单"黏合度"。一个老客户重复下单次数其实真正决定了店铺的成功与否,客户会二次或多次下单的前提,首先是对第一次订单的高度满意,这与跨境电商在线客户服务人员的专业度和耐心都是分不开的,专业的跨境电商卖家会在第一次销售的过程中真正解决客户的问题,如产品、跨境物流、售后等方面的问题,客户的二次开发还包括第二次的优惠幅度、打折、建立客户关怀档案等措施。

第六,具备良好的争议解决能力。首先要让客户体会到卖家解决争议的诚意,其次要真正地了解订单争议的来龙去脉,然后通过电话与客户充分沟通,并且理解认同客户,最终让客户再次信任我们,让客户的负面情绪得到化解,为争议的解决打下基础。

 业务操作

任务一　装修跨境电商店铺

工作任务:
装修项目一中开通的敦煌网店铺。

操作步骤
(1)收集店铺设计素材。
(2)定位店铺风格和结构。
(3)拍摄商品图片。
(4)设计店铺首页。
(5)设计橱窗推荐区。
(6)优化推荐商品详情页图片。

任务二　运营跨境电商店铺

工作任务:
敦煌网店铺运营实操。

操作步骤
(1)进行选品分析。
(2)确定商品采购渠道。
(3)商品上架。
(4)店铺营销推广。
(5)商品销售。

（6）物流配送。
（7）售后服务。

项目小结

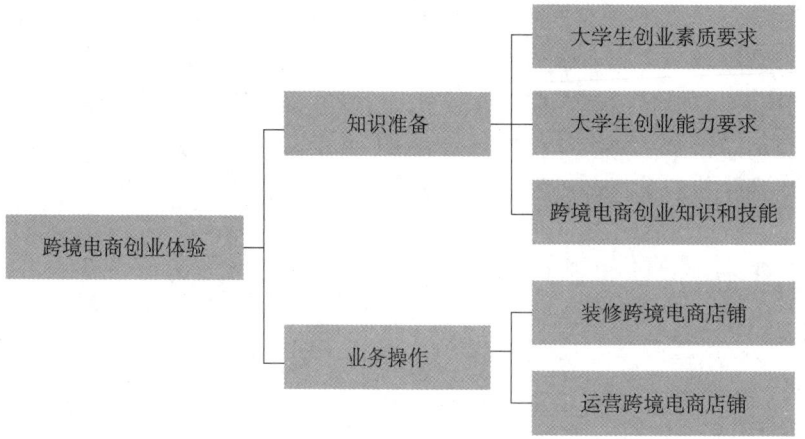

课后思考题

（1）大学生跨境电商创业平台选择原则。
（2）跨境电商创业风险及防范。
（3）跨境电商店铺运营要点。

反侵权盗版声明

电子工业出版社依法对本作品享有专有出版权。任何未经权利人书面许可,复制、销售或通过信息网络传播本作品的行为,歪曲、篡改、剽窃本作品的行为,均违反《中华人民共和国著作权法》,其行为人应承担相应的民事责任和行政责任,构成犯罪的,将被依法追究刑事责任。

为了维护市场秩序,保护权利人的合法权益,我社将依法查处和打击侵权盗版的单位和个人。欢迎社会各界人士积极举报侵权盗版行为,本社将奖励举报有功人员,并保证举报人的信息不被泄露。

举报电话:(010)88254396;(010)88258888
传　　真:(010)88254397
E-mail:　dbqq@phei.com.cn
通信地址:北京市海淀区万寿路173信箱
　　　　　电子工业出版社总编办公室
邮　　编:100036